CW00486992

Sumário

Apresentação

No começo do ano de 2022, Deus começou a falar comigo sobre rejeição.
Eu já tinha lido o livro da Joyce Meyer - a Raiz da Rejeição há uns anos anteriores e não me identifiquei com algumas coisas porque achei que era um tema que não fazia parte da minha história.
Para mim, esse assunto era algo que não me afetava mais. Para mim, uma pessoa com a dor da rejeição era aquele tipo de pessoa que estava sempre buscando aprovação e querendo aparecer, e eu não era mais essa pessoa.

Até o Senhor começar a falar comigo coisas muito específicas.

Nesse processo Deus me acordou diversas vezes de madrugada me pedindo para eu escrever algumas listas.
Listas de coisas que aprendi com a rejeição.
Consequências ruins e também boas.
Eu percebi que muita coisa da minha personalidade foi forjada exatamente pelos momentos que me senti mais rejeitada.
O Senhor me mostrou que esse tema fez parte de toda a trajetória da minha vida e quando me senti pronta, no mesmo ano ensinei sobre esse tema no Clube Elas.
O Elas é um projeto de imersão para mulheres cristãs em que falamos sobre temas específicos, usando a Bíblia para gerar cura e libertação. Em abril de 2022 fizemos a

imersão Rejeição onde analisamos personagens bíblicos com a percepção da rejeição. Esse estudo completo que fizemos você vai encontrar no capítulo 2 do livro, que foi o primeiro a existir.

Os outros capítulos foram gerados posteriormente usando minhas lembranças, experiências, análises do tema e de coisas que vi.

Espero que Deus venha falar ao seu coração e te levar a cura que você necessita.

Boa leitura
Com carinho
Thaiane Davino

Introdução

O sentimento de rejeição pode nascer de diversas formas. Um feto rejeitado no ventre, um abandono, xingamentos e maus tratos, exclusão social ou até consequência de adaptação de quem tem alguma doença mental ou limitante.

A verdade é que todos nós já fomos ou nos sentimos rejeitados em algum momento.

Você pode ter sido esquecida de ser convidada para algum lugar, sido a última a ser escolhida para o time de vôlei ou criado expectativas demais em algo que no final te frustou.

A verdade é que todos já sentimos o sentimento ruim de sermos rejeitados, porém alguns de nós, convivemos com consequências traumáticas desses acontecimentos.

Conforme vivemos podemos encontrar gatilhos que nos fazem lembrar memórias que ainda não superamos e nos causam dor.

Para fugir da dor, geralmente vamos ter as mesmas atitudes que nosso "eu criança" fazia. Quando nos sentimos machucados, vamos nos proteger da forma que nos lembramos e repetir ações que nem sempre queremos fazer, porém fazemos.

Eu quero trazer pra vocês nesse livro lições que eu aprendi com a rejeição e te mostrar que, apesar da memória ruim, tentando fugir da dor, você teve reações boas que te ajudam a viver melhor.

Eu que sempre fui comunicativa e inquieta. Conquistei diversos ambientes exatamente por causa da rejeição. Quando eu não me sentia aceita, eu fugia da dor me adaptando ao grupo e fazendo amizade em outro ambiente. Quando por algum motivo eu me sentia mal no ambiente, a minha auto proteção me fazia migrar para outro grupo, e para outro, e para outro, me tornando popular, sociável e com facilidade de me comunicar com todo tipo de público.

Outra "vantagem" que a rejeição nos trás é de lutar para alcançar nossos objetivos.

Existem muitos casos famosos de pessoas que superaram o "não" e continuaram sua busca por sucesso até encontrar. Alguns nomes são: Walt Disney, Albert Eistein, Van Gogh e JK Rowling (escritora de Harry Potter). Todos esses e muitos outros grandes nomes, ao se sentirem rejeitados, se adaptaram e mudaram de ambiente continuando a tentar conseguir o que tanto queriam.

Este livro será muito motivador em alguns momentos, porém difíceis em outros. Mas não desista no meio da leitura, pois o nosso processo de cura é assim mesmo, cheio de altos e baixos! Algumas vezes precisamos limpar as feridas para que elas sarem mais rápido, e isso doi!

Quando pensar em desistir de ler o livro, pense o quanto foi difícil pra mim escrevê-lo para você, pois eu também passei por todos os processos, mas ainda tive que expor a minha dor para que você seja curado.
Não se abandone no meio do caminho da cura, vai valer a pena no final.

Capítulo 1
Visão geral da Rejeição

Medo de perder

Todo mundo pensa que é forte, até ser rejeitado.

Estudos psicológicos dizem que a dor da rejeição (uma pessoa que foi traída, por exemplo) se iguala a dor de do luto.

Rejeições formam feridas e dores incompreensíveis, pois são invisíveis aos olhos humanos, mas não são para Deus.

Inconscientemente passamos a fazer de tudo para agradar o outro por medo de que ele vá embora.

Aceitamos mentira, traição, desrespeito e muito mais, e sempre mentimos pra nós mesmos dizendo ser normal ou não ser algo tão ruim assim.

Muitas de nós vivemos anos lutando contra nossas idealizações e realidades, pois por mais que fossem migalhas, era melhor que não receber nada ou ser abandonada.

Passamos a viver fantasias e enganos enquanto a vida corre passando em cima de nós mesmos.

A nossa reação a rejeição na maioria das vezes está entre provar pro mundo que somos capazes e/ ou agradar demais o outro para que ele não vá embora...

Nós só vamos parar de ter medo de perder os outros quando a gente descobrir que também somos uma grande perda.

Nos vamos começar a ter nosso equilíbrio emocional quando entendermos a nossa identidade de filhas de Deus e nosso real valor.

Nós vamos começar a vencer quando perdermos o medo de que o outro fique triste por sermos melhores que eles.

A rejeição nos leva ao estado emocional de supervalorização do outro e desvalorização de nós mesmos. Um peso injusto que o Senhor não deseja para nos.
A libertação do pensamento rejeitado é saber que somos sim tão valorosos quanto todos os outros e que são muitos os planos que Deus coloca em nossas mãos por nossa realidade de sermos filhos submissos a vontade do Pai.
Não é só o outro que é envolvido na graça e misericórdia do Pai. Todos somos! E todos merecemos viver em plenitude o que o Senhor tem pra nós. Sem culpa, sem sentir que está incomodando e sem achar que não merece. Apenas viver o que o Pai já gerou e quer te entregar, mas que por muitas vezes não conseguimos receber por não nos considerarmos capazes.
Na verdade não somos, mas a graça alcança todos, com capacidades espetaculares ou não.

Não rejeite o dom que há em você por achar que não sabe lidar com ele ou por julgar o outro mais merecedor que você.

A Rejeição que gera Rejeição

Uma vez eu estava com meus hormônios mais aflorados e me sentindo mais sensível.
Estava gripada e rolou um almoço que eu não fui convidada pelo motivo de eu estar de cama.
Já me senti mal por não ter sido convidada, mesmo que minha saúde nao estivesse boa, eu fiquei mal.
A noite me esforcei pra ir ao culto, porém decidida a não sair para jantar depois do serviço exatamente para descansar mais e me recuperar 100%.
Recusei o pedido pra sair de todos e fui pra casa me sentindo abandonada, me sentindo largada e excluída, mesmo que eu mesma não fosse participar da comunhão.

Então Deus me mostrou a realidade:
"Nós nos sentimos rejeitados em alguns ambientes, então deixamos de participar de algumas coisas.
Ao deixar de participar, as pessoas param de nos convidar. E aquilo que era apenas um sentimento de rejeição, se torna um fato"

Nós geramos ambientes e comportamentos com a nossa atitude.

Por muitos anos eu cuido de gêmeos autistas. Pelo autismo deles eu tenho que estar sempre prestando atenção em todos os comportamentos deles para eles conseguirem se desenvolver.

Eu aprendi a os proteger e ensinar, mas comecei a notar que nos meus outros trabalhos eu tinha muito mais amizades.

Comecei a pensar que as pessoas não querem conversar com a gente na porta da escola porque não querem interagir com os meninos ou por algum outro motivo.

Temos diversos pensamentos distorcidos sobre como nos comportamos, nos vestimos, andamos ou falamos. Pensamos que somos chatas, nos comunicamos mal ou qualquer outra coisa...

Mas aí um dia percebi que não eram as pessoas que não queriam estar próximos de nós, porém nós que estávamos vivendo tanto no nosso mundo, que criamos um muro ao invés de pontes.

O meu trabalho sempre foi um desafio de fazer tudo certinho, chegar no horário, andar pelas mesmas ruas e fazer a rotina funcionar. Eu percebi que era eu que estava focada demais em fazer a rotina funcionar que não me deixei envolver em nenhuma conversa com ninguém na porta da escola.

Quantas vezes reclamamos que "ninguém me cumprimenta quando eu chego". Mas deixamos de nos lembrar que o dia que estávamos nos sentindo mal ou hiperfocados, ignoramos ou passamos a mensagem de que "estou muito ocupado".

Nos sentimos inseguros ou tímidos e demonstramos estar indisponíveis, sérios, de cara fechada, de mal humor... mas depois que as pessoas compreendem e respeitam a nossa "indisponibilidade", sentimos rejeição porque ninguém nos incomoda. Contraditório, não acha??

Pense quantas vezes você já agiu assim, e depois se lamentou porque ninguém te tratou como gostaria. Quantas vezes você saiu de grupos do WhatsApp, mas depois reclamou que não está sendo incluído nas conversas e convites.
Quantas vezes falou mal por trás de alguém e depois se sentiu confuso e sem entender porque ela não te procura mais.

A rejeição que sentimos e expressamos, gera ainda mais sentimento de rejeição, porque aqueles que recebem a mensagem de que você é muito ocupado ou indisponível não vão querer te incomodar exatamente pra respeitar esse muro que você mesmo construiu entre você e os outros.
Mas na verdade eles não entenderam que talvez você queria sim ser incluído, mas não soube expressar isso.

O que é amor?

Quando eu ainda não entendia o que eu sentia, eu via sempre o cuidado como uma afronta.
Eu sempre tinha a impressão que as pessoas que se preocupavam comigo estavam querendo me controlar.
Lembro de uma situação com uma amiga:
Nós tínhamos discutido, porém saímos uma noite com amigos em comum. Ao terminar o compromisso ela veio me perguntar como eu ia embora, se eu ia pegar o metrô ou Uber. Ela estava preocupada porque estava tarde, mas na minha cabeça ela estava querendo me controlar.
Eu lembro de me sentir extremamente incomodada e no outro dia comentar com nossa amiga em comum o "absurdo" das perguntas dela.

E então essa amiga que eu estava desabafando me disse que na verdade ela estava cuidando de mim e demonstrando carinho.

Na verdade todo o nosso desentendimento foi porque eu nunca tinha recebido esse tipo de cuidado e via as atitudes dela como um controle abusivo e controlador, mas na verdade era amor. Sempre foi amor!

Eu, uma pessoa verbal, esperando um: Eu te amo amiga.

E ela, uma pessoa de atitude, esperando carinho e serviço.

Eu me esforçando pra fazer homenagens, cartas e presentes e ela se sentindo abandonada pela minha ausência de carinho.

E ela cuidando de mim, e eu me sentindo invadida.

Quando sofremos rejeição e não recebemos alguns tipos de linguagens de amor, passamos a reconhecer poucas coisas como amor, e não todos os tipos de demonstração de carinho que alguém pode fazer.

Quando temos histórico de rejeição, nós estamos sempre pensando que as atitudes dos outros são para nos machucar e temos dificuldade de aceitar as atitudes do outro.

Mas quando estamos com alguém que queremos vínculo, aceitamos atitudes ruins por medo de perder e também pela falta de referência do que é uma demonstração genuína de amor...

Complexo, não acha?!

Preço e valor

Quando nos tratam como objeto, inconscientemente começamos a entender que nós não temos um valor.

Em uma conversa com uma mentora de posicionamento digital, Kelly Campos, eu comecei a perceber que eu tinha dificuldades em vender os meus produtos. Apesar de toda minha facilidade com comunicação e influência eu notei que quando era para precificar um produto meu, ou "tirar o dinheiro de alguém" eu tinha muita dificuldade e acabava dando de graça o meu serviço.

Eu era muito boa em vender o serviço do outro e arrecadar dinheiro para igreja e associações, mas quando se tratava de mim mesma e do meu benefício próprio, ocorria um bloqueio imediato nas minhas vendas.

Mas eu não entendia o motivo porque eu sempre tive muito boa influência, jeito de falar e de persuadir as pessoas. Eu sempre vendi bem as coisas das minhas amigas e patrocinadoras, mas comecei a me lembrar de que eu realmente não conseguia me desenvolver nessa área.

Quando eu tinha 17 anos, fui vender em uma loja na 25 de março. Quando eu tinha 22 eu estava no navio, também trabalhando com vendas e aqui em Londres, eu tive diversas tentativas em vender também todas essas tentativas foram frustradas porque eu não consegui me desenvolver em nenhuma das empresas ou conseguir atingir aquilo que era necessário.

No Navio, eu até consegui mascarar esse meu essa minha falta de habilidade através de técnicas que me ajudaram.

Através da decoração de vitrine, da moda e estilo, eu consegui ter efeitos de venda muito grandes, mas eu não estava vendendo algo meu ou que dependia de mim, estava vendendo algo de uma marca que as pessoas estavam ali sedentas para comprar e mesmo com a minha dificuldade de vendas, as vitrines da loja me ajudaram muito porque a pessoa já entrava na loja sabendo o que queria. Eu apenas facilitava esta venda através das promoções e decoração da loja, então na verdade era bem fácil vender no Duty free do navio porque as pessoas estavam ali para gastar dinheiro.

Deus começou a ministrar no coração esse sentimento de desvalorização. O Senhor ministrou no meu coração que esse sentimento vinha dos abusos.

Quando somos abusadas, usadas, desvalorizadas, ou até agredidas verbalmente em situações que as pessoas dizem que ninguém gosta da gente, que ninguém vai gostar de você do jeito que você é, que você fala demais ou etc; nós crescemos com a impressão de desvalorização, que nos leva a sentir que o outro não pagaria por algo que vamos fazer.
Achamos que ninguém pagaria por um curso de alguém que fala demais e interrompe os outros ou ri alto demais. Às vezes até nossas maiores qualidades são as coisas que são criticadas quando estamos sendo agredidas verbalmente. Começamos a achar que ser nós mesmos é errado e que ser alegre demais também é errado.

Satanás é tão astuto que consegue, através de um trauma, trazer uma consequência ruim para tantas áreas da nossa vida, e o pior, faz com que quando nos sentimos desvalorizados, silenciamos nosso eu e nossos pensamentos, pois achamos que não temos importância. Mas na maioria das vezes, quando somos ajudados por terapias, sempre descobriremos que nossas dificuldades executivas de hoje, pode ter sido algo que aconteceu na nossa infância e foi crescendo, se tornando um problema grande em todas as áreas da sua vida.

É muito louco pensar o tanto que satanás investe para a nossa destruição e falência. Devemos lembrar que ele não está brincando de ser satanás, ele realmente está rugindo como leão ao nosso redor, pronto para nos atacar a todo momento com fúria, ódio e vontade de que nós caímos no nosso próprio mal. Ele vem como um leão, ou seja, disfarçado, agindo como Deus, e muitas vezes, trazendo "soluções" para nossa vida, que lá na frente vamos ver ter trazido ainda mais problemas.

Satanás não é criativo, ele não cria nada, ele vai achar algo que o Senhor já criou para que ele possa modificar e nos destruir. Uma amizade que vai nos xingar em vez de elogiar, uma família que vai nos amaldiçoar ao invés de abençoar, e pessoas que vão machucar ao invés de ser instrumentos de cura.

Por muitas vezes passamos por situações que a pessoa nem sabe do nosso passado, mas na oportunidade que ela tem, ela nos pisa e nos faz lembrar ou pensar que não temos valor, e então aquela semente jogada no nosso subconsciente quando éramos crianças, que foi regada por toda nossa vida, e nós não percebemos, são regradas mais uma vez por situações de discussões que satanás coloca na nossa vida ao longo do tempo.

Mas podemos escolher acreditar no nosso Deus Espírito Santo que nos corrige e nos ensina em amor, através da sua palavra.

Podemos entender que as ações de satanás foram feitas para nos derrubar, mas que ele só faz isso porque o nosso Deus é muito maior e poderoso do que ele.

O nosso clamor ao Senhor deve ser de uma mente renovada, para que possamos viver aquilo que é perfeito e eterno. A renovação da nossa mente é feita através da leitura bíblica, oração, novos comportamentos e ajuda psicológica, se necessário.

Então se você também consegue identificar na sua vida algum bloqueio que você ainda tem de algum trauma infantil, não aceite a fúria deste leão falso derrubar você e te impedir de alcançar a sua liberdade e da sua vitória. Clame ao Senhor para que ele venha te dar armas de guerra. Armas que você possa usar para derrotar os ataques diários na sua mente, que satanás planta a cada dia, e te faz entender que que você não tem valor.

Lute contra esses pensamentos . Busque na palavra o que o Senhor diz sobre você.

Romanos 12:2

Não se amoldem ao padrão deste mundo, mas transformem-se pela renovação da sua mente, para que sejam capazes de experimentar e comprovar a boa, agradável e perfeita vontade de Deus.

Efésios 6: 11-18

11 Estejam equipados com todas as armas de Deus para que possam permanecer firmes sem cair nas astutas ciladas do Diabo.

12 Pois na verdade o nosso combate não é contra seres humanos, mas sim contra governos e autoridades, contra ditaduras que atuam nas trevas, contra verdadeiros exércitos de espíritos do mal nos domínios celestiais.

13 Por isso, utilizem todas as armas de Deus para que possam resistir, no dia em que algo de maligno vier à vossa vida, e para que depois de terem vencido tudo continuem firmes.
14 Mantenham-se pois firmes, cingidos com o cinturão da verdade e protegidos com o colete da justiça de Deus.
15 Que os vossos pés estejam firmados no solo do evangelho da paz.
16 Tenham sobretudo a fé, pois é um escudo que vos protege contra as flechas incendiárias disparadas pelo Maligno sobre as vossas vidas.
17 Também vos é necessário o capacete da salvação, assim como a espada do Espírito, que é a palavra de Deus.
18 Orem a Deus com toda a perseverança, em toda a ocasião, de acordo com o Espírito Santo. Sejam vigilantes no emprego persistente desta arma da oração, apresentando também a Deus as necessidades dos outros crentes.

Sofrimento e dor

Quando sofremos abandono de um pai ou alguém muito próximo, nos acostumamos com a dor da perda.
Fica difícil sair desse ciclo em outras relações que temos.
Então por consequência a essa memória traumática, nos acostumamos a sofrer abandono.
Vai ser mais fácil pra gente nos relacionar e sofrer por alguém que não nos quer ou nos deixou ou magoou do

que começar um novo ciclo com alguém que demonstra interesse.

Porque o que o nosso cérebro registra na memória que é "normal" é o abandono e a dor que sentimos na rejeição. Nos acostumamos com a dor porque ela sempre fez parte da nossa vida, nossa criação e infância. É mais fácil para nós sofrer do que escolher não sofrer e seguir a vida. Por isso muitas vezes conseguimos entrar em relacionamentos não saudáveis e temos a imensa dificuldade de sair deles.

A dor se torna uma doença que temos medo de tomar o remédio e curar, pois não sabemos viver sem aquele problema.

Com o passar do tempo fica difícil viver o novo, o normal e o agradável, porque aprendemos que a dor é normal, o abandono é normal, a angústia é normal e sentir o vazio do abandono é o que conhecemos.

Tínhamos a esperança que nosso pai ia voltar e nos dar um abraço de natal. Então temos sempre a esperança de que aquele que nos abandonou vai voltar. Fazemos isso em fidelidade à memória do nosso pai porque a esperança era tudo que tínhamos, então continuamos sendo fiéis ao sentimento de uma criança esperançosa porque não aprendemos a viver outra coisa. O nosso cérebro registrou o abandono e esperança da volta e reconstrução, então somos fiéis em viver isso em todos os nossos relacionamentos.

O pior de tudo é que se realmente acontecer a volta e reconstrução, nós também não saberemos lidar com isso, pois, na maioria dos casos, só fomos ensinados a ter esperança, e não a reconstruir.

E eu queria te falar hoje que Deus não tem prazer na sua dor e nem na sua ausência de referência. Ele não se sente feliz quando você sofre, mas ele vai usar essa situação pra geral em você.

Se você está vivendo uma rejeição, O Senhor vai transformar essa dor em uma história de superação e força que um dia você vai contar para ajudar alguém.

Se hoje você está vivendo ciclos repetidos de rejeição, talvez a palavra do Senhor e o direcionamento de Deus vai te fazer aprender a jogar a rede do outro lado.

Jogando a rede do outro lado você vai ver o mundo de outra perspectiva.

Deus vai te permitir viver desconfortos para que você não repita o ciclos que você tem repetido durante toda sua vida, e quando Jesus te falar para jogar a rede do outro lado é para que você consiga ter forças de viver algo que você não viveu antes de sair de situações que pra você pareciam normais.

Lucas 5

4 Tendo acabado de falar, disse a Simão: "Vá para onde as águas são mais fundas", e a todos: "Lancem as redes para a pesca".

5 Simão respondeu: "Mestre, esforçamo-nos a noite inteira e não pegamos nada. Mas, porque és tu quem está dizendo isto, vou lançar as redes".

6 Quando o fizeram, pegaram tal quantidade de peixes que as redes começaram a rasgar-se.

Então imagine comigo:

Você é acostumada a ser rejeitada, a ter relacionamentos que não tem futuro porque você aceita pouco, mas então Jesus chega no barco e ele te convida pra jogar a rede do outro lado, pra fazer algo de uma forma diferente, numa nova perspectiva, de uma forma que você não está acostumada.

Provavelmente vai ser desconfortável e diferente pra você, mas vai gerar o crescimento que você não conhecia. Essa transformação não vai acontecer pelas suas experiências, por aquilo que você sabe fazer ou por aquilo que você vem fazendo sempre.
Esse desconforto em forma de vazio será permitido por Deus para que você consiga ouvir a voz dele e seguir aquilo que Ele está falando e não mais aquilo que a suas experiências estão falando.

A idolatria do alívio

E quando algo nos faz bem? Nos faz esquecer da dor e embarcar numa viagem agradável em que estamos sempre certos...
Esse algo tem um grande perigo e se tornar uma idolatria.
Nós que estamos fragilizados, temos a tendência de tornar qualquer tipo de "alívio" um Deus da nossa vida.

Quando encontramos um alívio, tendenciosamente passando usar ou perseguir esse algo como se necessitamos daquilo pra sobreviver.
Nós deixamos de nos relacionar com os abusadores e nos tornamos o próprio abusador porque a idolatria pela

pessoa que nos traz alívio nos faz persegui-lo de uma forma sufocante e abusiva.

E o dia que esse sentimento que nos faz sentir melhor acontece, geralmente não sabemos lidar com o sentimento de satisfação e nos viciamos nele de uma forma quase que incontrolável. Nós não conseguimos mais imaginar como seria nossa vida sem esse alívio.

O alívio que estou falando pode ser a bebida, pessoas, internet, séries, drogas, jogos ou qualquer coisa que te faça sentir bem ou sair da realidade esquecendo-se da dor.

O perigo de nós, machucados e doloridos é idolatrar o nosso alívio e nos ferir ainda mais para que possamos "consumi-lo".

Acabamos aceitando migalhas, bancando amizades, relacionamentos e vícios . Acabemos dedicando tudo o que temos de mais valioso, nós mesmos.

Devemos perceber que muitas paixões não se dão pelo fato do seu sentimento PELA pessoa, mas pelo RESULTADO dos seus sentidos quando está COM a pessoa.

Ou seja:

Não é por ela que você tem paixão, mas pelo que ela pode gerar em você. No fim a paixão tem o fim em si mesmo, e não no outro.

Só o amor nos faz amar quem não nos faz bem 100% do tempo.

A paixão é egoista!

Então na verdade você está viciado no sentimento que essa pessoa te traz e não nela mesma. Você já parou pra pensar que às vezes você só está com essa pessoa porque ela te faz sentir algo bom. Então eu quero que você perceba que você está buscando algo por você, o que você está fazendo por você por causa de você, e não necessariamente pelo outro. Quando você faz pelo outro, então você ama...

Quando vemos a vida por essa perspectiva entendemos que nós também usamos as outras pessoas para suprir as nossas carências e preencher as lacunas vazias do nosso coração. Nós também somos desleais e aproveitadores. Nós também podemos sim manipular e enganar pra que aquela pessoa supra emocionalmente a falta que nós temos, mas isso não quer dizer necessariamente que você goste dela, apenas que você gosta de você mesmo e quer satisfazer o que você precisa com essa pessoa.
No final, é tudo sobre você.

Se você é alguém que termina um relacionamento e começa outro porque não consegue ficar sozinho e quer e que preenche um relacionamento com outro, você provavelmente você é essa pessoa. Alguém que se relaciona com o outro para suprir o seu vazio, e não por amor.

Abaixo da média

A psicologia diz que o complexo de rejeição é a percepção de que as pessoas não têm interesse naquilo que você tem a oferecer. Ou seja, há o contínuo sentimento de abandono em relação aos demais. Sempre que sentimos essa dor da rejeição, buscamos fugir, ou suprir. Uma das formas que eu percebi de fuga, foi nos relacionarmos de amizade.

No ministério infantil da igreja que eu sirvo, posso ver algumas atitudes de crianças quando não se sentem confortáveis com o ambiente. Por exemplo:
Quando uma criança fica mais velha, ela troca de sala para onde estão as crianças com mais idade ou pré-adolescentes. Essa transição é fácil para a maioria das crianças, pois elas já buscam por isso (ir para a sala dos mais velhos), porém em alguns casos, podemos observar as dificuldades de adaptação.
Quando a criança vai para a sala de idade maior e se sente fora do seu ambiente de proteção, ou sente rejeição e não consegue vencer essa dor, ela tenta negociar com a gente e voltar para a sala anterior. A criança se infantiliza e se comporta de forma mais infantil com o desejo de ficar no nível anterior do seu intelecto.
Outro fato que acontece é a criança vir querendo "ajudar". Ela quer ser a auxiliar da professora, cuidar das crianças, dar ordens, ensinar e se desenvolve em diversas qualidades, porém com o coração ferido de quem não conseguiu se adaptar na sala da sua capacidade.

Nos, adultos, geralmente mascaramos muito bem esse nosso sentimento de dor como somos rejeitados e geralmente nos comportamos dessa segunda forma da criança:

Viramos os cuidadores, os líderes natos de uma turma onde não fomos levantados por Deus. Estamos ali andando junto com a desculpa de que queremos ajudar, mas na verdade, não conseguimos nos adaptar com o grupo que nos foi designado para estar.

Nós temos a tendência de procurar pessoas que estão abaixo da média daquelas pessoas que nós admiramos, mas não conseguimos conversar, para que então nós possamos ser sempre os "mais inteligentes" da roda, ou os mais influentes daquele ambiente.

Nós passamos a nos acostumar a nos conectar com pessoas menos intelectuais que nós porque assim nós conseguimos suprir aquele desejo de domínio, aquele desejo de que nós temos de nos destacar. Então quando nos relacionamos com alguém que está abaixo do nosso nível intelectual, naturalmente nós vamos nos destacar e suprir essa necessidade da infância que temos de sermos aceitos.

Sabe o "tiozinho" da suquita"?
(Nos anos 90 tinha um comercial de refrigerantes que um homem de 40/50 anos se vestia como um jovem e ia tentar se enturmar com o pessoal de 20 anos, mas ninguém entendia o que ele falava, pois sua linguagem e gírias eram de outra época)

Nós somos o tiozinho da ai quita as vezes em nossos comportamentos. Tudo na verdade porque não temos autoestima suficiente para sair com a galera que queremos.

Queremos então ajudar os mais novos, pois assim conseguimos nos destacar intelectualmente.

O problema disso é que, como no comercial, muitas vezes o "tiozinho" também vai ser rejeitado nesse círculo social jovem, porque ele também não se conecta mais na linguagem, estilo, gostos e foco de futuro. Essa pessoa foge da rejeição de um ambiente, e vai para um ambiente que ele também vai ser rejeitado. O que pode tornar um looping infinito.

Imagine a seguinte situação: Um homem se sente inferior às mulheres bonitas, inteligentes, carismáticas e estudiosas. Mulheres fortes e independentes o assustam e ele não tem confiança de conversar com ela.

Então ele acaba sempre tendo o pensamento: se tem 3 amigas, vou escolher sempre a mais tímida, rejeitada, esquisita ou a que ele vai conseguir estar "por cima".

Não por ter um gosto especial por elas, mas por achar que não pode conquistar alguém de outro nicho.

Esse homem, com uma mulher mais comunicativa e divertida se sentiria fraco, rejeitado e impotente.

(Esse é o momento de relembrar aqueles foras que você levou sem motivo e entender que talvez o homem não soube lidar com a sua liberdade e confiança por conta de uma dor dele, e não de um defeito seu).

Eu acho que a parte mais difícil de lidar com a realidade da rejeição é quando a gente tem que sair do lugar de vítima e se colocar de frente pro espelho e entender as reações que nós tivemos a tudo que passamos.

Quando nós percebemos que realmente nós não conseguimos interagir com pessoas mais interessantes ou que nós estamos vivendo na mediocridade porque não temos coragem de estar em ambientes com pessoas mais inteligentes, começamos a entender que poderíamos estar rompendo muito mais barreiras, mas não estamos porque temos medo.

Se pararmos para pensar que nós somos o reflexo das 5 pessoas que mais convivemos é que essas pessoas são as quais nos influenciam nos nossos relacionamentos, emprego, contatos e até financeiramente. O que poderíamos já ter alcançado se estivéssemos frequentando os ambientes que o Senhor tem para nós, mas não temos coragem de acessar esses contatos preciosos que Deus nos deu.

Se a gente é casado e deseja estar em ambientes de mediocridade ou de menor desempenho, a pessoa que está conosco também sofre por ter que desacelerar. Ela também tem que deixar de viver uma vida extraordinária porque o seu cônjuge não consegue quebrar barreiras sociais.

O desafio é e sempre será romper a cada dia as setas da mente e rejeitar os pensamentos de que você não será amado e aceito onde o Senhor está te colocando.

Se Deus abrir uma porta para você, entre com ousadia, pois o inimigo que nos ronda está em busca da nossa paralisação e não deseja que nós possamos vencer essas dificuldades sociais e intelectuais.

Entender que somos filhos é uma liberdade que devemos sempre afirmar para nós mesmos.

Sendo filhos, temos direitos, temos herança e temos portas e conexões que se abrem a todo o momento em nossa trajetória.

Se esforce e não rejeite o que o Senhor tem para você. A rejeição não é a resposta para a rejeição!!!!

Isso mesmo!

Não tome a mesma atitude que você está acostumado a sentir. Tenha ousadia e vire a chave. Abra a porta e entre onde Deus quer que você acesse!

Vivendo na mediocridade

Outro ponto interessante de se verificar, continuando o raciocínio da reflexão anterior, é que uma pessoa rejeitada, acaba vivendo nos extremos.

Ou nós vivemos pelo ponto de vista da auto comiseração, justiça própria e de achar que não merecemos nada. Ou passamos querer provar para o mundo a todo tempo que somos capazes.

Viver tentando provar ago para o mundo, pode te fazer romper barreiras e chegar ao sucesso, como já vimos pelos casos de sucesso que apontei na introdução, porém temos que observar as doses e a quantidade e intensidade dessas nossas reações.

Exemplo 1: Eu não posso nada, coitado de mim

Uma pessoa rejeitada que entrar numa loja de carros vai querer o pior carro, mais barato, e o mais simples possível ou o que chama menos atenção. Vai comprar porque realmente precisa usar em distâncias muito longas, mas mesmo assim quando eu tiver dirigindo vai sentir culpa de ter comprado esse carro, de ter gastado dinheiro com algo pra você mesmo. Vai sentir culpa por ter comprado um carro antes do seu irmão que nem é maior de idade, mas já você já considera ele mais importante que você.

A pessoa rejeitada geralmente não consegue viver e receber e aproveitar em paz um benefício que ela mesma pagou e comprou. É complicado pensar que mesmo você trabalha, pagando suas contas, tendo dinheiro pra se manter, ainda assim não acha merecimento em tudo aquilo que faz para si mesmo. Na sua cabeça você não merece nada.

É a famosa pessoa que compra uma com uma roupa bem bonita, é elogiada, mas não consegue aceitar a gentileza do elogio. Ela sempre responde "nossa, mas a roupa estava muito barata", "na verdade eu comprei em promoção", "eu ganhei da minha chefe, por isso é bonita". Essa pessoa na verdade está pedindo desculpa por estar vestindo aquela roupa. Ela está se justificando que na verdade nem foi tão caro assim, que ela só comprou porque estava em promoção se não ela não queria comprá-la. O famoso me desculpa por existir, me desculpe por respirar o seu ar, me desculpa por pisar no seu chão.

Exemplo 2: vou provar para mundo que eu posso

Aquele outro extremo que já comentamos é a pessoa que vai entrar nessa mesma loja e comprar o carro mais extravagante que ela puder, para mostrar para o mundo que ela pode ter tudo aquilo que disseram que ela não podia.

É aquela pessoa que vai aprender a tocar violão, cozinhar, falar mandarim e russo. Vai fazer sapateado, natação, e até curso de bombeiro. Ela vai ser excelente em tudo, mas não porque gosta, mas para mostrar a todos que sim ela consegue e para preencher a satisfação que talvez ela não tenha em outras áreas. São esses aquelas pessoas que se destacam e que provavelmente vão ficar famosas e milionárias.

Podemos entender nos dois extremos, uma necessidade gritante. E no segundo caso que estamos analisando, vemos que podemos até chegar a ser bem sucedidos, mas se o vazio do nosso coração continuar, nada será satisfatório para preenchê-lo.

Apenas quem tem muito dinheiro pode te dizer tranquilamente que o dinheiro não traz felicidade. Na verdade, a fama, a influência e o dinheiro só ajudam aqueles que sabem para onde estão indo e estão vivendo o seu propósito.

Quando você ainda não foi curado, você acha que seus resultados irão completar o seu vazio e sua solidão, mas quando você se depara com o resultado e vê que ele mesmo não te traz satisfação completa, você fica ainda pior.

Eu tenho uma amiga imigrante aqui em Londres que tinha o sonho de casar com um inglês e ter a casa dela. Ela foi morar junto com o homem que ela sonhou, comprou todas as coisas da casa nas lojas dos sonhos, abriu uma empresa e estava ganhando bem.

Tempos depois, quando o relacionamento não deu certo por permissão de Deus, tivemos a oportunidade de trabalhar durante um dia juntas e ela me revelou que, mesmo realizando tudo o que ela sempre sonhou, ela não estava feliz.

Ela disse que quando conseguiu chegar onde sempre quis, ela percebeu que tudo aquilo ainda não preenchia as necessidades que ela estava buscando. Ela mudou novamente sua vida, começou terapia e se entregou verdadeiramente ao processo de cura que precisava passar. Hoje ela não tem o que tinha. Ela tem até dívidas do antigo relacionamento, mas está feliz e num processo de reconstrução.

O resultado sempre será lindo e satisfatório, mas quando vem sem propósito, continuamos vazios procurando aquele algo que ainda não nos preencheu.

Seu vazio é do tamanho de Jesus.

A culpa é minha

Quando um chefe faz uma injustiça conosco, sempre olhamos pela perspectiva de que estamos errados.

O sentimento de culpa é sempre presente e constante no nosso dia a dia, mesmo que involuntariamente.

Raramente vamos achar que alguém está sendo injusto ou desleal. Vamos sempre pensar: o que eu fiz de errado? Será que eu não entreguei um bom trabalho? Será que eu falei demais?

O sentimento de culpa é predominante no nosso subconsciente porque é o que estávamos acostumados a ouvir quando a rejeição foi gerada em nós.

É difícil viver sem pisar em ovos a todo o tempo.

Tentamos, mas nem sempre conseguimos sucesso.

É necessário levantar a cabeça e nos lembrar quem somos a todo o momento.

Nossa identidade tem sempre que estar firmada em Jesus, se não caímos novamente achando que somos errados, burros ou que não fazemos nada certo.

Até os nossos defeitos foram feitos para a glória de Deus. Se tivéssemos só qualidades, para que precisaríamos da ajuda do Senhor?

É preciso pedir ajuda de Deus a todo tempo para que possamos nos sentir melhor e entender a nossa identidade de filhos de Deus. Essa pode ser a melhor parte da sua trajetória.

A dependência de Deus é o lugar mais seguro que você pode estar.

Rejeição de uma mulher

A voz da mulher antigamente não era valorizada entre as autoridades.

Eram os homens que trabalhavam, aprendiam a ler e tinham respeito socialmente.

Mesmo com milênios de avanço e com mulheres em cargos de liderança ou juízo, a mulher sempre precisou de uma "segunda opinião" além da dela.

Isso nos calou ou nos revoltou.

E nenhum desses efeitos é o ideal.

A desvalorização feminina faz a mulher tentar fazer além do que consegue naturalmente, ou seja, a revolta da mulher para ser aceita causa a perda da feminilidade e delicadeza.

A raiva e a vontade por igualdade faz a mulher se igualar ao ser que não é igual e perder aquilo que temos de melhor.

A desvalorização da mulher foi fruto muitas vezes de desrespeito e injustiça social e até preconceito, mas que nos levam a um lugar que nem é tão justo para nós, pois hoje o que mais vemos não é a mulher querer seus direitos, mas querendo além. Elas querem o direito dos homens e querem se parecer com eles. É isso é naturalmente impossível.

Mesmo que você não queira, mulher: você é delicada! Você tem uma força inferior, uma resistência inferior e uma pele naturalmente mais frágil. Suas emoções oscilam de acordo com o seu ciclo menstrual e emoções.

Entender que somos diferentes é a beleza do ser humano.
Entender a fragilidade, é o poder da mulher.
A delicadeza é o que temos de mais forte em nós.
Mulheres foram feitas para ser cuidadas e amadas, mas a falta disso nos faz mulheres feridas tentando nos tornar independentes para que a falta do amor ou de qualquer outra coisa que tenha faltado, não nos afete.
Vestimos a armadura de forte. Mas esquecemos que fomos gerados para viver em comunhão. A comunhão com a igreja nos faz vulnerável e necessários tanto para ajudar como para sermos ajudados. O relacionamento com o cônjuge se torna leve e ao mesmo tempo confrontador, pois um depende do outro em seu papel original.

Quando entendemos nossa fraqueza, deixamos o outro fazer o que é dever dele. É ele quem deve nos proteger e mimar. É o homem, o governo, o nosso pai, os nossos direitos e as nossas leis que devem nos dar conforto e segurança. E não o nosso próprio braço.

A fragilidade é a nossa força. A fragilidade que nos dá férias, licença maternidade, salário igual trabalhando menos, etc

A igualdade mata a feminilidade.
Não devemos ser iguais a um ser que não é igual a nós.

Se nascemos para ser cuidadas, devemos ter vantagens, não igualdade!

Capítulo 2
Análise de personagem

A rejeição de Tamar

Quando nós plantamos uma semente, ela cresce, vira uma árvore e dá seus frutos. Na nossa vida também é assim, tudo o que plantarmos vai crescer se você regar, quanto mais você rega, mais cresce e isso pode se tornar uma bomba que pode explodir a qualquer momento.
Vou te dar um exemplo: pessoas ciumentas.
Esse sentimento de ciúmes nasce sempre de uma coisa pequena, de uma desconfiança, ou de uma experiência ruim com o ex. Então, essa pessoa vai regando esse sentimento, em vez de cortar pela raiz.
Como eu disse, começa com um sinal ou um trauma, desse sinal vem a desconfiança, da desconfiança a paranoia, da paranoia vem o controle e pode chegar até a agressão...
Começa no relacionamento a dois, passa para um ciúmes dos amigos, dos pais, dos irmãos, quando menos se espera, vira uma pessoa controladora e agressiva com todos.
"Nossa, mas tal pessoa se tornou tão controladora, tão obsessiva, de onde veio isso?"
Veio justamente de uma sementinha plantada lá atrás, bem pequenininha, mas essa pessoa se permitiu regar essa semente, que foi crescendo e virou um monstro.

Sementes ruins não viram árvores boas no final, apenas monstros! Não tem como plantar laranja e colher maçã, não é mesmo!

Muita gente não conhece a história de Tamar. Ela era uma princesa, filha do Rei Davi, a história dela está em 2 Samuel 3-19. Ela era virgem, morava no palácio, vivia uma vida de princesa, até que o seu meio-irmão, o Amnom, se apaixonou por ela perdidamente, a sua paixão pela Tamar era tão forte que ele chega a adoecer por causa desse sentimento.

Quando ele melhora, fala com seu melhor amigo e primo, que o aconselha a fingir que estava doente novamente, ficar de cama e pedir ao seu pai, o Rei Davi, que peça a Tamar que lhe leve um prato de comida e então, ali, tomar posse dela, sexualmente. Assim ele fez, abusando a irmã e tirando a sua virgindade. Após o ato, ele sente nojo dela e a expulsa da casa dele.

Ela rasga as próprias roupas e joga cinzas na cabeça em sinal de luto, sinalizando que a sua vida tinha acabado, que toda a sua esperança e vontade de viver tinham morrido. E então, ela vai morar com o seu irmão Absalão, um dos filhos mais famosos de Davi por causa da sua revolta contra o pai, ele tenta roubar o trono do pai, inventando mentiras e traições, chega até a possuir todas as concubinas do rei para mostrar que seu poder era maior que o do rei. Mas por que essa revolta toda? Justamente por causa do que aconteceu com a princesa Tamar.

Vamos ler os trechos dessa história como está na Bíblia:

2 Samuel 13

1 Depois de algum tempo, Amnom, filho de Davi, apaixonou-se por Tamar; ela era muito bonita e era irmã de Absalão, outro filho de Davi.

2 Amnom ficou angustiado a ponto de adoecer por causa de sua meio-irmã Tamar, pois ela era virgem, e parecia-lhe impossível aproximar-se dela.

3 Amnom tinha um amigo muito astuto chamado Jonadabe, filho de Siméia, irmão de Davi.

4 Ele perguntou a Amnom: "Filho do rei, por que todo dia você está abatido? Quer me contar o que se passa? " Amnom lhe disse: "Estou apaixonado por Tamar, irmã de meu irmão Absalão".

5 Então disse Jonadabe: "Vá para a cama e finja estar doente". "Quando seu pai vier visitá-lo, diga-lhe: Permite que minha irmã Tamar venha dar-me de comer. Gostaria que ela preparasse a comida aqui mesmo e me servisse. Assim poderei vê-la. "

6 Amnom atendeu e deitou-se na cama, fingindo-se doente. Quando o rei foi visitá-lo, Amnom lhe disse: "Eu gostaria que minha irmã Tamar viesse e preparasse dois bolos aqui mesmo e me servisse".

7 Davi mandou dizer a Tamar no palácio: "Vá à casa de seu irmão Amnom e prepare algo para ele comer".

8 Assim, Tamar foi à casa de seu irmão, que estava deitado. Ela amassou a farinha, preparou os bolos na presença dele e os assou.

9 Depois pegou a assadeira e lhe serviu os bolos, mas ele não quis comer. Então Amnom deu ordem para que todos saíssem; depois que todos saíram,

10 Amnom disse a Tamar: "Traga os bolos e sirva-me aqui no meu quarto". Tamar levou os bolos que havia preparado ao quarto de seu irmão.

11 Mas quando ela se aproximou para servi-lo, ele a agarrou e disse: "Deite-se comigo, minha irmã".

12 Mas ela lhe disse: "Não, meu irmão! Não me faça essa violência. Não se faz uma coisa dessas em Israel! Não cometa essa loucura.

13 O que seria de mim? Como eu poderia livrar-me da minha desonra? E o que seria de você? Você cairia em desgraça em Israel. Fale com o rei; ele deixará que eu me case com você".

14 Mas Amnom não quis ouvir e, sendo mais forte que ela, violentou-a.

15 Logo depois Amnom sentiu uma forte aversão por ela, mais forte que a paixão que sentira. E disse a ela: "Levante-se e saia! "

16 Mas ela lhe disse: "Não, meu irmão, mandar-me embora seria pior do que o mal que você já me fez". Ele, porém, não quis ouvi-la,

17 e chamando seu servo, disse-lhe: "Ponha esta mulher para fora daqui e tranque a porta".

18 Então o servo a pôs para fora e trancou a porta. Ela estava vestindo uma túnica longa, pois esse era o tipo de roupa que as filhas virgens do rei usavam desde a puberdade.

19 Tamar pôs cinza na cabeça, rasgou a túnica longa que estava usando e se pôs a caminho, com as mãos sobre a cabeça e chorando em alta voz.

20 Absalão, seu irmão, lhe perguntou: "Seu irmão, Amnom, lhe fez algum mal? Agora, acalme-se, minha irmã; ele é seu irmão! Não se deixe dominar pela angústia". E Tamar, muito triste, ficou na casa de seu irmão Absalão.

21 Ao saber de tudo isso, o rei Davi ficou furioso.

22 E Absalão não falou nada com Amnom, nem bem, nem mal, embora o odiasse por ter violentado sua irmã Tamar.

23 Dois anos depois, quando os tosquiadores de ovelhas de Absalão estavam em Baal-Hazor, perto da fronteira de Efraim, Absalão convidou todos os filhos do rei para se reunirem com ele.

24 Absalão foi ao rei e lhe disse: "Eu, teu servo, estou tosquiando as ovelhas e gostaria que o rei e os seus conselheiros estivessem comigo".

25 Respondeu o rei: "Não, meu filho. Não iremos todos, pois isso seria um peso para você". Embora Absalão insistisse, ele se recusou a ir, mas o abençoou.

26 Então Absalão lhe disse: "Se não queres ir, permite, por favor, que o meu irmão Amnom vá conosco". O rei perguntou: "Mas, por que ele iria com você? "

27 Mas Absalão insistiu tanto que o rei acabou deixando que Amnom e os seus outros filhos fossem com ele.

28 Absalão ordenou aos seus homens: "Ouçam! Quando Amnom estiver embriagado de vinho e eu disser: 'Matem Amnom! ', vocês o matarão. Não tenham medo; eu assumo a responsabilidade. Sejam fortes e corajosos! "

29 Assim os homens de Absalão mataram Amnom, obedecendo às suas ordens. Então todos os filhos do rei montaram em suas mulas e fugiram.

30 Estando eles ainda a caminho, chegou a seguinte notícia ao rei: "Absalão matou todos os teus filhos; nenhum deles escapou".

31 O rei levantou-se, rasgou as suas vestes, prostrou-se, e todos os conselheiros que estavam com ele também rasgaram as vestes.

32 Mas, Jonadabe, filho de Siméia, irmão de Davi, disse: "Não pense o meu senhor que mataram todos os teus filhos. Somente Amnom foi morto. Essa era a intenção de Absalão desde o dia em que Amnom violentou Tamar, irmã dele.

33 O rei, meu senhor, não deve acreditar que todos os seus filhos estão mortos. Apenas Amnom morreu".

34 Enquanto isso, Absalão fugiu. Nesse meio tempo o sentinela viu muita gente que vinha pela estrada de Horonaim, descendo pela encosta da colina, e disse ao rei: "Vejo homens vindo pela estrada de Horonaim, na encosta da colina".

35 E Jonadabe disse ao rei: "São os filhos do rei! Aconteceu como o teu servo disse".

36 Acabando de falar, os filhos do rei chegaram, chorando em alta voz. Também o rei e todos os seus conselheiros choraram muito.

37 Absalão fugiu para o território de Talmai, filho de Amiúde, rei de Gesur. E o rei Davi pranteava por seu filho todos os dias.

38 Depois que Absalão fugiu para Gesur, e lá permaneceu três anos,

39 a ira do rei contra Absalão cessou, pois ele se sentia consolado da morte de Amnom.

Resumo da história

A princesa Tamar é abusada sexualmente pelo meio-irmão Amnom, Davi fica bravo, porém não faz nada em relação ao ocorrido. Absalão, irmão de Tamar a adota como filha, e Absalão cria uma inimizade/ raiva com seu pai Davi. Ele mata o meio-irmão Amnom, mas a raiva dele não passa. Absalão foge da cidade por 3 anos e retorna e Davi o perdoa e o aceita de volta a sua casa apenas depois de, aproximadamente, 6 a 7 anos do início do conflito, mas mesmo assim a raiva de Absalão não passa, então ele trama contra o pai e consegue tomar o reino temporariamente, obrigando Davi a fugir e lutar pela própria vida, até que um dia tentando matar o próprio pai ele morre e o rei Davi fica de luto.

Tudo isso acontece por causa da Rejeição de Tamar que agora conhecemos melhor todos os acontecimentos e podemos fazer mais observações.

Tamar: Consequências da rejeição

Tamar era uma princesa, provavelmente muito nova porque ainda não tinha casado. Ela era obediente ao pai, mas teve sua inocência corrompida por seu irmão abusador.

Depois de abusada ela joga as cinzas na cabeça em sinal de luto, pois naquela época as mulheres só casavam virgens, os homens pagavam o dote pela virgindade, então a probabilidade dela casar era quase nenhuma. O gesto de jogar as cinzas era como se ela dissesse: minha vida acabou. Não tem mais jeito pra mim.

Não se fala na bíblia o que aconteceu com ela depois de ter ido morar com o irmão Absalão, o que provavelmente quer dizer que ela não fez mais nada de significativo depois do ocorrido.

Nós sabemos que, naquela época, Tamar tinha muitas limitações sobre como mudar a sua realidade, afinal, segundo a lei, se ela aparecesse na frente do rei (mesmo ele sendo seu pai) para exigir algo sem ser convidada, ela poderia ser morta.

Mas adaptando a situação para os dias de hoje, quantas vezes nós temos a mesma reação que a Tamar? Quantas vezes aconteceram situações trágicas e horríveis na nossa vida e nós nos fechamos, decidindo que a nossa vida acabou ali? Nós não nos posicionamos como filhas do Rei, filhas daquele que pode sim interferir e nos defender. Porém, na história, o pai da princesa Tamar, o Rei Davi, não faz nada e é aí que entra a rejeição. Bastou apenas uma personagem ter sido rejeitada para que 4 personagens também sofressem as consequências dessa rejeição, trazendo guerras, mortes, trazendo luto para toda família e até mesmo para a nação, pois soldados foram mortos durante as guerras travadas entre pai e filho. Tudo isso por causa de uma rejeição que Davi poderia ter resolvido, mas ele preferia cuidar dos assuntos externos, do que dos assuntos internos da sua família.

Essa rejeição bagunçou totalmente a estrutura dessa família. Absalão, que era irmão, virou pai e por causa disso, ele começou a ter raiva do próprio pai por não estar fazendo o seu verdadeiro papel.

Vou te dar um exemplo trazendo para a nossa realidade: Um fato que acontece muito quando as pessoas mudam de país, é vir o pai e/ou a mãe, deixando o filho aos cuidados dos avós e, depois de uns 2 anos, com a vida mais estável, o filho vem morar com os pais e o relacionamento se restaura. Mas e durante esses dois anos que você ficou longe? O que Absalão (que não é o pai da Tamar, mas se torna por causa dos acontecimentos) ficou colocando na cabeça do seu filho? Pois muitas vezes o Absalão vem como bonzinho. Ele foi legal, pegou a menina rejeitada para cuidar, ele era o mocinho no capítulo 13, mas no capítulo 15 ele já começa a se rebelar e no 14 mata o próprio irmão. Então a pessoa assume uma responsabilidade, se coloca no lugar de alguém e se acha melhor do que ele para cumprir aquele papel, chegando até a falar coisas ruins como "eu estou cuidando de você, porque seu pai não presta", "estou cuidando de você porque você foi rejeitado, porque seu pai abandonou você, é por isso que eu estou aqui" e isso vai trazendo angústia e os lugares vão se revertendo.

A Tamar tinha um amor pelo irmão, mas não como pelo pai, pois ela já tinha feito essa substituição em seu coração. Ela deixa de ser princesa e de se comportar como uma pois ela transfere a paternidade dela para outra pessoa. Quantas vezes nós fazemos isso com nossos avós?
Na minha infância, eu não tive um pai presente, então as pessoas queriam que eu substituísse o meu pai pelo meu avô. Eu e meu irmão nunca aceitamos essa substituição, mas isso não é o comum, o que acontece na maioria das vezes é a criança de fato fazer essa substituição. Mas qual é o problema? O problema é que avô não cria o neto, ele curte, mima, dá conselho que não pode, não põe limites. Meu avô, por exemplo, me deu uma faca com 6 anos de idade, é normal um pai fazer isso? Jamais! Avô faz coisa

de avô. Pai faz coisa de pai. Não tem como um ocupar o lugar do outro.

Seus pais podem não ter sido presentes, podem não ter te dado nada além da vida, ainda assim, não transfira! Seu avô tem que ser o seu avô e seu pai vai ser sempre seu pai, independente do que ele contribuiu para sua vida e você precisa aceitar isso.

"Mas se meu pai me abandonou, eu tenho que aceitar isso?" Tem! Você vai sentar no sofá, olhar para a parede e fazer aquela reflexão: "Meu pai me abandonou e eu sou criado pelos meus avós". Porque se você não tiver posicionamento, vai permitir que a sua família seja disfuncional, que as pessoas assumam papéis que não são delas e a partir do momento que elas assumem papéis que não são delas, elas também assumem comportamentos que não são delas e a mágoa é gerada nos seus corações porque você permitiu que tivessem atitudes que não pertenciam a elas. Não deixe que as pessoas assumam papéis que não são delas.

Aplicando no trabalho:

Eu sempre fui workaholic (viciada em trabalho), me dava satisfação trabalhar, porque eu vivia essa rejeição, então eu apliquei no trabalho porque ele me dava satisfação porque era ali que eu era elogiada, podia aplicar meus conhecimentos e o melhor que eu tinha. Então sempre era a melhor funcionária, isso fazia com que, muitas vezes, sentisse raiva dos chefes, porque por eu ser muito boa, acabava assumindo papéis e trabalhos que não eram meus, isso me fazia ficar com uma raiva e uma angústia que eu não sabia de onde vinha, pois achava que deveria estar no lugar deles, ocupando o lugar deles, exatamente porque eu assumia papéis que não eram meus.

Você tem que deixar claro o papel de cada um. "Você vai cuidar do meu filho, mas ainda é o avô dele", "Você vai cuidar do meu filho, mas você é a babá dele". Aqui em casa a gente tem babá, mas ela não me substitui, é um trabalho como outro qualquer, é uma profissão como as outras, não tem cabimento uma babá querer ser mais que a mãe.

Então a raiz da rejeição de Tamar, de tudo o que aconteceu, virou um problema porque causou na família algo disfuncional e quantas famílias nós vemos desse jeito, disfuncionais, porque um ocupou o lugar do outro? É o filho mais velho que sustenta a casa, tomando o lugar do pai, fazendo com que esse menino tome conta dos irmãos, quando eles crescem, quem os irmãos enxergam como pai? Quem os irmãos respeitam como pai? Quem eles vão achar que tem a obrigação de sustentar eles? O filho que assumiu esse papel perdeu todos os direitos de filho, de filho amado. E tudo isso se fixa no subconsciente. Já vi histórias em documentários de mães que casam de novo, deixam os filhos de lado, então a filha mais velha assume o cuidado dos irmãos e da casa e lá na frente a filha quer a herança da mãe, o dinheiro dela e até mesmo o marido dela, pois a filha se tornou a própria mãe, perdendo a infância, a juventude e tudo o que ela tinha direito, então ela quer ser recompensada, o subconsciente dela quer ser recompensado, causando esses casos de família, que só vemos o final e ficamos nos perguntando o que aconteceu.

A história de Absalão e Davi é muito famosa, as brigas, as guerras, o filho tentando usurpar o trono do pai, mas porquê isso? Por que ele queria ser rei? Queria fama? Dinheiro ou poder? Não! Ele estava tentando tomar posse do que ele achava que era direito dele, pois teve que assumir um papel que não era para ele assumir. Ninguém nasce vilão, nem decide ser mau, isso muitas vezes tem raiz na rejeição.

COMPORTAMENTO

CLUBE ELAS

Londres, desde 26 setembro de 2019

IMERSÃO REJEIÇÃO

Exercícios - Estudo de Tamar

SAIA DA POCISÃO DE VITIMA

Você foi rejeitada? Aceite isso! Não camufle o problema ou finja que ele não aconteceu. Para resolver, precisamos expor. Traga o problema esquecido para ser vivido. O primeiro passo é assumir que ele aconteceu a lidar com isso no seu dia- a- dia.

ex: Meu pai me abandonou e quem me criou foi meu avô.

POSICIONAMENTO FAMILIAR

De os nomes certos: Pare de chamar vó de mãe, tia de amiga ou sobrinha de filha. A funcionalidade familiar depende de deixar de viver "faz de conta". Se você assumiu o lugar de águem, devolva- o.

ex: meu marido foi embora e eu trato meu filho como marido.

POSICIONAMENTO SOCIAL

Quem é você no seu trabalho? a empregada que quer ser chefe? Quem é você no seu círculo social? a amiga dominadora que trata os amigos como filhos? De quais mágoas vem esses comportamentos? Ponha- se no seu lugar!!

ex: mulheres que tratam melhor amiga como namorado

LUTA PELOS SEUS DIREITOS DE FILHA

O seu comportamento deve ser de acordo com suas promessas de herança que seu Pai (Deus) te revelou. Como uma filha de Deus deve se comportar?

ex: Deus é dono do ouro e da prata, mas eu me comporto como uma mendiga.

45

CLUBE ELAS

Londres, desde 26 setembro de 2019

IMERSÃO REJEIÇÃO

Exercícios - Estudo de Tamar

SAIA DA POCISÃO DE VITIMA

Entregue seu coração e pensamentos para que Deus cuide deles e após essa entrega, se levante.
A vida continua e a palavra te diz que você é mais que vencedora.
Vença o vitimismo através da oração e deixe seu espírito dominar sua alma ferida.

POSICIONAMENTO FAMILIAR

Peça perdão pelos lugares errados que você ocupou e recoloque-se espiritualmente no lugar certo!

Interceda por cada pessoa da sua família declarando que eles estarão nos lugares certos e peça perdão pelo erro deles.
A oração tem poder! Esteja pronta para viver a mudança que o Senhor vai trazer...

POSICIONAMENTO SOCIAL

Peça perdão a Deus por ter ocupado lugares que não eram seus e se reposicione em oração.

Declare bençãos aos ambientes que você errou e cite cada situação de erro para que Deus va com justiça e conserto.

LUTA PELOS SEUS DIREITOS DE FILHA

Entregue em oração suas carências para o Senhor.
Ele que é seu pai e te ama te providenciará aquilo que você precisa e preencherá todo o vazio.

Se torne filha de Deus através de relacionamento, dependência e submissão.
E busque em oração receber tudo que é seu por direito.

A rejeição de Davi

Davi foi um homem segundo o coração de Deus e é muito citado em diversos textos bíblicos e históricos. Mas o que eu quero chamar a sua atenção hoje é do quanto ele sofreu rejeição desde quando ele foi ungido rei.

Davi era um menininho, ruivo e bonito, mas extremamente rejeitado dentro da própria casa. Ele era o filho mais novo, porém, feito de empregado para servir a casa e seus irmãos que eram maiores, mais robustos, homens de guerra e soldados.
Davi pastoreava as ovelhas, levava comida para os irmãos, que o humilhavam o tempo todo.

Deus me mostrou esse personagem e eu fui estudar, ler sobre sua história, mas não vi nele nenhum trauma de rejeição.
A gente vê o comportamento de Davi sempre totalmente confiante de si mesmo e batalhador. O que as pessoas falam dele, parece não o afetar ou intimidar. Davi se mostrava tão confiante que quando teve oportunidade de matar um gigante e salvar seu povo, ele falou para o rei Saul:

1 Samuel 17: 32- 40
32 E Davi disse a Saul: Não desfaleça o coração de ninguém por causa dele; teu servo irá, e pelejará contra este filisteu.

33 Porém Saul disse a Davi: Contra este filisteu não poderás ir para pelejar com ele; pois tu ainda és moço, e ele homem de guerra desde a sua mocidade.

34 Então disse Davi a Saul: Teu servo apascentava as ovelhas de seu pai; e quando vinha um leão e um urso, e tomava uma ovelha do rebanho,

35 Eu saía após ele e o feria, e livrava-a da sua boca; e, quando ele se levantava contra mim, lançava-lhe mão da barba, e o feria e o matava.

36 Assim feria o teu servo o leão, como o urso; assim será este incircunciso filisteu como um deles; porquanto afrontou os exércitos do Deus vivo.

37 Disse mais Davi: O Senhor me livrou das garras do leão, e das do urso; ele me livrará da mão deste filisteu. Então disse Saul a Davi: Vai, e o Senhor seja contigo.

38 E Saul vestiu a Davi de suas vestes, e pôs-lhe sobre a cabeça um capacete de bronze; e o vestiu de uma couraça.

39 E Davi cingiu a espada sobre as suas vestes, e começou a andar; porém nunca o havia experimentado; então disse Davi a Saul: Não posso andar com isto, pois nunca o experimentei. E Davi tirou aquilo de sobre si.

40 E tomou o seu cajado na mão, e escolheu para si cinco seixos do ribeiro, e pô-los no alforje de pastor, que trazia, a saber, no surrão, e lançou mão da sua funda; e foi aproximando-se do filisteu.

Ou seja:

Davi estava confiante que podia matar o gigante.

Ele tinha experiência em campo, ousadia e vontade de vencer.

Então eu me perguntei: eu vou falar o que sobre Davi?

Pois ele, aparentemente, não tem nenhum vestígio de rejeição no seu comportamento.

A bíblia não diz que Davi era arrogante, porque a arrogância pode ser algo gerado no coração de quem foi rejeitado. A pessoa se esforça tanto para ser amado, querido, que o faz alcançar um status de fortuna, fama ou poder, porém sua mágoa no coração pode o fazer se tornar uma pessoa arrogante.

Nós conseguimos ver essa realidade de um coração machucado claramente em filmes de ficção. Geralmente o vilão do filme é aquela pessoa ruim, que faz maldade com as pessoas, que manipula, mas no fim do filme nós vemos que o vilão é uma pessoa que não teve pai, que o pai batia, ou porque foi traído, abandonado. Então o mocinho faz amizade com o vilão e fala "ah, agora eu vou te ajudar, agora eu entendi você". Pois o mocinho foi buscar a história do vilão e descobre o que? Que ele foi rejeitado.

Na maioria das vezes, na ficção ou na realidade, a pessoa que fere já foi ferida, pois você dá o que você recebe (a bíblia não diz que isso aconteceu com Davi, eu estou abrindo um parêntese para a nossa realidade, para você possa entender).

Mas nessa parte da rejeição, você quer tornar aquilo realidade, você quer superar aquilo. Porque muita gente com déficit de atenção ou depressão vira um gênio? O

Einstein tinha déficit de atenção, era dado como louco, pois não conseguia se concentrar e fazer certas coisas, mas ele tinha foco, então ele foi e focou naquilo que ele era bom e gostava e se tornou história. Muita gente que foi rejeitada se supera, porque ela pensa: "já fui rejeitada em casa, no meu relacionamento, eu não vou ser rejeitada no trabalho também".

Walt Disney também foi rejeitado, quando ele apresentou o desenho do rato em uma empresa, recebeu um não, mas aí decidiu abrir a própria empresa e hoje a Disney é esse império! Então você vê pessoas rejeitadas, com estruturas de rejeição, com história de rejeição, mas que elas superam e essa é uma das qualidades desse sentimento ruim. Porque quando uma pessoa pega esse desprezo e o ressignifica, ou se aplica e decide provar que consegue, ela vai dar o máximo, para que ela não fique no lugar de coitadinho.

Nós temos que nos esforçar para sair desse papel de vítima, pois é muito fácil a gente pegar esse cobertorzinho da rejeição e ficar sentindo, enrolado no cobertor e sentindo dó de si mesmo.

Agora, voltando para a história de Davi: o que ele fez para sofrer essa rejeição? Nada! Ele simplesmente nasceu. Não houve nenhuma briga ou ciúmes da parte dos irmãos, como aconteceu com José, que foi rejeitado pelos irmãos por causa da predileção do pai, nesse caso existia um contexto, mas com Davi não. Ele não tinha motivos para ser rejeitado, ele não fez nada. E aí ele decide se superar, mas o perigo dessa superação é a arrogância, porque a pessoa não teve reconhecimento em casa ou no relacionamento, aí quando consegue, começa a pisar nas pessoas, então tudo tem que ter um equilíbrio.

Existem pessoas que se destacam para o lado bom e pessoas que se destacam para o lado ruim, então começam a se achar melhor que as outras por uma necessidade de aprovação.

Davi vai até o rei e fala que consegue matar o gigante, que já matou um leão e faz e acontece. Mas porque ele tinha toda essa autoestima e nenhum vestígio de rejeição? Porque ele tinha um relacionamento com Deus e isso o trazia para um lugar diferente, para uma realidade em que ele não vivia no natural, mas o sobrenatural.

Davi vivia muito mais no espiritual do que no natural. Você não vê muitos vestígios da sua vida natural em suas atitudes, por mais você veja força ou estratégia, isso se mostra muito mais na vida espiritual dele do que em uma vida de dia a dia, no mundo natural.

O relacionamento de Davi com o Senhor era tão forte ao ponto dele olhar para Deus e falar: "É contigo, meu amigo. Eu vou só pegar as pedrinhas e o Senhor faz o resto", pois ali, no campo com as ovelhas, talvez sempre foi assim, essa comunicação confiante com o Pai, então a partir dessas experiências ele ficou confiante.

A gente acha que é algo de caráter, mas é algo que realmente Deus fez na vida de Davi e foi se transformando cada dia mais.

Mas lá na frente, continuando a ler a história de Davi, nós vemos os frutos da rejeição, anos depois, porque toda essa confiança em Deus estava dentro da obediência dele. Davi tem essa confiança porque é obediente, tem um relacionamento com o Senhor e fala com Ele todos os dias, até que Davi peca.

Por ele conhecer Deus tão intimamente, passa muitos anos firme, confiante, conectado a Ele, só lá na frente, depois de muitos anos, já casado, com filhos quando ele comete seu maior pecado, podemos então notar seus traços de rejeição.

Talvez por estar ali ocioso, olhando pela janela, olhando a mulher tomar banho, mandou chamá-la, pois ele tinha esse poder, é aí que eu acredito que ele tenha sido arrogante, pois deixou o poder subir à cabeça. Porque, para pensar que ele poderia ter relações com uma mulher que não era dele e a mulher nem reclamar e ninguém fazer nada, é porque ele estava acima da lei e fazia o que queria. Ou seja, ele já estava se achando superior, a rejeição começa então a se transformar em algo ruim. Ele ficou confiante, confiante, confiante, se achou melhor do que os outros e caiu. Ele chegou ao limite da confiança, pensou que podia tudo, afinal, ele era Davi, o rei de Israel, em vez de lembrar que tudo o que conquistou na sua história não foi por causa do poder dele, mas sim pelo poder de Deus.

Nessa queda, podemos perceber que o relacionamento dele com Deus muda, ele começa a implorar para Deus, "não saia da minha vida, não tire de mim a tua presença", porque ele sabe que na sua vida tem brecha, ele entende do mundo espiritual e sabia onde estava pisando. Então quando ele pecou, sabia o que está fazendo, nas orações ele deixa de agradecer e passa a implorar a Deus para que não o abandone, para que não tire a Sua presença dele, já não há aquela certeza de bater no peito e falar "manda o gigante, que o Senhor vai matar".

Depois que ele comete o pecado, começam a vir dúvidas e incertezas porque ele conhece o mundo espiritual e pode ser que Deus não esteja mais ao seu lado. Na verdade, não é que Deus não esteja mais com ele, mas que ele que deixou de estar com Deus, pois foi ele que escolheu pecar. E é a partir desse ponto que ele começa a ter atitudes de pessoa rejeitada, aquelas atitudes que ele nunca teve antes.

Em 2 Samuel 15, conta da conspiração de Absalão e da fuga de Davi.
Agora você pode entender a junção das duas histórias. Tamar da nossa primeira análise era filha de Davi que foi abusada pelo seu irmão Amnon e seu outro irmão, Absalão dedica sua vida a vingança da honra de sua irmã e para descontar toda sua raiva ao descuido do seu pai.

Davi foge do próprio reino, do próprio castelo, antes mesmo de Absalão ameaçá-lo, ou seja, ele já começa a duvidar se Deus vai estar com ele. "E se Deus quiser realmente passar o reino para o meu filho?", "Se Ele não estiver comigo nessa batalha?", "E agora? Como é que vai ser?", "Melhor eu fugir, pois não sei mais se Deus está comigo."
Então começamos a ver as atitudes daquela criança que foi rejeitada, que foi humilhada pelos irmãos, daquela criança que sofreu nos conflitos familiares. Talvez por causa dessa rejeição da família, ele não conseguiu se posicionar na própria casa, quando o abuso da Tamar aconteceu. Ele era um ótimo rei, ele servia a nação, era um excelente estrategista de guerra, mas não conseguia lidar com a própria família, porque aqueles vestígios de rejeição, lá da infância, por causa dos pais e dos irmãos, começam a aparecer lentamente.

2 Samuel 11

1 E aconteceu que, tendo decorrido um ano, no tempo em que os reis saem à guerra, enviou Davi a Joabe, e com ele os seus servos, e a todo o Israel; e eles destruíram os filhos de Amom, e cercaram a Rabá; porém Davi ficou em Jerusalém.

2 E aconteceu que numa tarde Davi se levantou do seu leito, e andava passeando no terraço da casa real, e viu do terraço a uma mulher que se estava lavando; e era esta mulher mui formosa à vista.

3 E mandou Davi indagar quem era aquela mulher; e disseram: Porventura não é esta Bate-Seba, filha de Eliã, mulher de Urias, o heteu?

4 Então enviou Davi mensageiros, e mandou trazê-la; e ela veio, e ele se deitou com ela (pois já estava purificada da sua imundícia); então voltou ela para sua casa.

5 E a mulher concebeu; e mandou dizer a Davi: Estou grávida.

6 Então Davi mandou dizer a Joabe: Envia-me Urias, o heteu. E Joabe enviou Urias a Davi.

7 Vindo, pois, Urias a ele, perguntou Davi como passava Joabe, e como estava o povo, e como ia a guerra.

8 Depois disse Davi a Urias: Desce à tua casa, e lava os teus pés. E, saindo Urias da casa real, logo lhe foi mandado um presente da mesa do rei.

9 Porém Urias se deitou à porta da casa real, com todos os servos do seu senhor; e não desceu à sua casa.

10 E fizeram saber isto a Davi, dizendo: Urias não desceu a sua casa. Então disse Davi à Urias: Não vens tu duma jornada? Por que não desceste à tua casa?

11 E disse Urias a Davi: A arca, e Israel, e Judá ficaram em tendas; e Joabe, meu senhor, e os servos de meu senhor estão acampados no campo; e hei de eu entrar na minha casa, para comer e beber, e para me deitar com minha mulher? Pela tua vida, e pela vida da tua alma, não farei tal coisa.

12 Então disse Davi a Urias: Demora-te aqui ainda hoje, e amanhã te despedirei. Urias, pois, ficou em Jerusalém aquele dia e o seguinte.

13 E Davi o convidou, e comeu e bebeu diante dele, e o embebedou; e à tarde saiu a deitar-se na sua cama com os servos de seu senhor; porém não desceu à sua casa.

14 E sucedeu que pela manhã Davi escreveu uma carta a Joabe; e mandou-lha por mão de Urias.

15 Escreveu na carta, dizendo: Ponde a Urias na frente da maior força da peleja; e retirai-vos de detrás dele, para que seja ferido e morra.

16 Aconteceu, pois, que, tendo Joabe observado bem a cidade, pôs a Urias no lugar onde sabia que havia homens valentes.

17 E, saindo os homens da cidade, e pelejando com Joabe, caíram alguns do povo, dos servos de Davi; e morreu também Urias, o heteu.

18 Então enviou Joabe, e fez saber a Davi todo o sucesso daquela peleja.

19 E deu ordem ao mensageiro, dizendo: Acabando tu de contar ao rei todo o sucesso desta peleja,

20 E sucedendo que o rei se encolerize, e te diga: Por que vos chegastes tão perto da cidade a pelejar? Não sabíeis vós que haviam de atirar do muro?

21 Quem feriu a Abimeleque, filho de Jerubesete? Não lançou uma mulher sobre ele do muro um pedaço de uma mó corredora, de que morreu em Tebes? Por que vos chegastes ao muro? Então dirás: Também morreu teu servo Urias, o heteu.

22 E foi o mensageiro, e entrou, e fez saber a Davi tudo o que Joabe o enviara a dizer.

23 E disse o mensageiro a Davi: Na verdade que mais poderosos foram aqueles homens do que nós, e saíram a nós ao campo; porém nós fomos contra eles, até à entrada da porta.

24 Então os flecheiros atiraram contra os teus servos desde o alto do muro, e morreram alguns dos servos do rei; e também morreu o teu servo Urias, o heteu.

25 E disse Davi ao mensageiro: Assim dirás a Joabe: Não te pareça isto mal aos teus olhos; pois a espada tanto consome este como aquele; esforça a tua peleja contra a cidade, e a derrota; esforça-o tu assim.

26 Ouvindo, pois, a mulher de Urias que seu marido era morto, lamentou a seu senhor.

27 E, passado o luto, enviou Davi, e a recolheu em sua casa, e lhe foi por mulher, e deu-lhe à luz um filho. Porém esta coisa que Davi fez pareceu mal aos olhos do Senhor.

Ao deixar que a legalidade do pecado entre na sua família quando comete adultério com uma mulher chamada Bate-Seba, que consequentemente ficou grávida e depois tentou acobertar seu pecado tomando providências para que o marido dela, Urias, fosse morto em batalha, acontece o problema com a Tamar e já não vemos mais Davi com os olhos que víamos antes. Porque até então, a gente não olhava para a família dele, começamos a ver nesse momento e então conseguimos identificar que, de fato, ele tem vestígios de rejeição. Antes, com a fé dele e com o relacionamento com Deus, Davi conseguia lidar, mascarar, resolver as coisas sem fugir, mas sempre apontando para Deus a cada dificuldade, confiante.

Mas então a bíblia começa a nos mostrar a família de Davi, começa a nos mostrar que ele não consegue lidar com problemas familiares, que não consegue lidar com alguns problemas que aparecem para ele. Você pode até pensar que esse problema é exclusivamente da família, mas então, mais para frente, ele foge novamente, mostrando que não é algo exclusivo de problemas familiares. Mas sim porque ele tinha uma fragilidade, porque agora o inimigo tinha acesso à mente de Davi. Satanás sempre lançou seus dardos inflamados contra Davi, mas agora eles passam a funcionar, pois ele deu lugar ao pecado.

"Lembra quando você era humilhado?", "Lembra quando você era um empregado e servia aos seus irmãos?"

É isso que Davi transparece na família dele. Ele é o rei, mas ele não é pai. Porque na casa dele, ele era um empregado, não era um filho. A família de Davi o trouxe para um ambiente onde ele conseguiu sim ser confiante e um homem segundo o coração de Deus, mas não conseguia se encaixar dentro da família que tinha criado. O fato dele ter muitas mulheres, se deixarmos o contexto histórico um pouco de lado, pode também ser uma tentativa de afirmar o controle que ele não tinha como pai. Então ele tinha o controle da nação, das mulheres e fazia isso muito bem. Mas lá na frente, podemos ver que ele tinha sim o fruto da rejeição escancarado, ele encontrou a raiz da rejeição dele.

Por muito tempo essa raiz estava abafada pela fé, que a impedia de crescer. A semente de rejeição foi plantada em Davi muito cedo, mas ele não permitiu que ela germinasse, que ela crescesse. E de fato, por muitos anos ela não cresceu e ele viveu sem permitir que essa semente germinasse. Mas então o pecado regou a semente, que cresceu e deu frutos. Ou seja, a semente não foi morta, mas sim abafada pela auto confiança, pela confiança e pelo relacionamento com Deus, mas ela não foi morta, sempre esteve ali. Depois de muitos anos, através de uma brecha que o próprio Davi deu, através de uma autorização (pois o pecado é uma autorização para o inimigo entrar na sua vida), Davi convidou o inimigo para entrar em seu coração, ele regou a semente da rejeição e então os frutos vieram.

O mundo espiritual é feito de portas, Deus diz "Eis que estou à porta e abro", porém, Satanás também está batendo! Você tem que escolher a porta que vai abrir.

CLUBE ELAS

Londres, desde 26 setembro de 2019

IMERSÃO REJEIÇÃO

Exercícios - Estudo de Davi

PERDÃO

É importante lembrar que nosso comportamento disfuncional vem de um trauma.
Decida perdoar aqueles que te rejeitaram e comece a se comportar de acordo com essa decisão.

ex: pare de jogar o passado na cara das pessoas.

ARREPENDIMENTO DE PECADOS

A mudança só vira com arrependimento!
Se você não se sente arrependida, pesquise os efeitos do seu pecado.
Quando você entender a gravidade do que foi feito, você se arrependerá.
Peça perdão a quem precisar.
ex: Não me arrependi de ter traído. Pesquiso como pessoas traídas se sentem e me arrependo do pecado.

CONVERSÃO DE PECADOS

Conversão significa = mudança de direção.

Pedir perdão sem mudança é apenas remorso.
Busque quais foram os frutos desse pecado e converta seu comportamento errado. Existem frutos que não são mudados e você terá que lidar com eles.
ex: se roubei, devolvo.
ou faço um ato simbólico disso.

POSICIONAMENTO DE PROPOSITO

O que o Senhor te deu para fazer?
Volte ao seu lugar de origem e comece a servir o Senhor com seus Dons e onde Ele te colocou.
Sua falta de posicionamento influência toda uma tribo.

ex: Sou chefe de uma empresa/ família, mas nunca assumi minha liderança. Se posicione!

COMPORTAMENTO

CLUBE ELAS

Londres, desde 26 setembro de 2019

IMERSÃO REJEIÇÃO

Exercícios - Estudo de Davi

ORAÇÃO

PERDÃO

Perdoe aqueles que te rejeitaram. Se não conseguir, peça a Deus para colocar perdão no seu coração.

Interceda por cada uma das pessoas que você sentiu rejeição e peça pra Deus intervir ao seu favor.

ARREPENDIMENTO DE PECADOS

Se arrependa verdadeiramente e apresente seu arrependimento a Deus em oração.

Se não conseguir se arrepender, peça a Deus que coloque em seu coração quebrantamento e arrependimento.

CONVERSÃO DE PECADOS

A oração também pode te ajudar nessa mudança de direção! Mudar é difícil, principalmente quando um pecado já faz parte da sua vida há anos.

Mantenha uma rotina de oração que o Senhor o ajudará a mudar o rumo de sua vida.

POSICIONAMENTO DE PROPOSITO

Se ainda não sabe seu propósit, pergunte com sinceridade aquele que te criou e enviou. Todos temos uma missão e é seu dever viver a sua!

Se encontrar dificuldade de viver a vontade do Senhor, faça como Moisés e peça alguém para te ajudar a cumprir essa missão junto com você.

A rejeição de Lia

A história de Lia se passa em Gênesis e é uma história bem longa, mas podemos entender bem o que acontece entre os capítulos 29 a 50, que é quando Jacó morre. (Faça a leitura completa em sua biblia)

Gênesis 29

1 Então pôs-se Jacó a caminho e foi à terra do povo do oriente;

2 E olhou, e eis um poço no campo, e eis três rebanhos de ovelhas que estavam deitados junto a ele; porque daquele poço davam de beber aos rebanhos; e havia uma grande pedra sobre a boca do poço.

3 E ajuntavam ali todos os rebanhos, e removiam a pedra de sobre a boca do poço, e davam de beber às ovelhas; e tornavam a pôr a pedra sobre a boca do poço, no seu lugar.

4 E disse-lhes Jacó: Meus irmãos, donde sois? E disseram: Somos de Harã.

5 E ele lhes disse: Conheceis a Labão, filho de Naor? E disseram: Conhecemos.

6 Disse-lhes mais: Está ele bem? E disseram: Está bem, e eis aqui Raquel sua filha, que vem com as ovelhas.

7 E ele disse: *Eis que ainda é pleno dia, não é tempo de ajuntar o gado; dai de beber às ovelhas, e ide apascentá-las.*

8 E disseram: *Não podemos, até que todos os rebanhos se ajuntem, e removam a pedra de sobre a boca do poço, para que demos de beber às ovelhas.*

9 *Estando ele ainda falando* com eles, veio Raquel com as ovelhas de seu pai; porque ela era pastora.

10 E aconteceu que, vendo Jacó a Raquel, filha de Labão, irmão de sua mãe, e as ovelhas de Labão, irmão de sua mãe, chegou Jacó, e revolveu a pedra de sobre a boca do poço e deu de beber às ovelhas de Labão, irmão de sua mãe.

11 E Jacó beijou a Raquel, e levantou a sua voz e chorou.

12 E Jacó anunciou a Raquel que era irmão de seu pai, e que era filho de Rebeca; então ela correu, e o anunciou a seu pai.

13 E aconteceu que, ouvindo Labão as novas de Jacó, filho de sua irmã, correu-lhe ao encontro, e abraçou-o, e beijou-o, e levou-o à sua casa; e ele contou a Labão todas estas coisas.

14 Então Labão disse-lhe: *Verdadeiramente és tu o meu osso e a minha carne. E ficou com ele um mês inteiro.*

15 Depois disse Labão a Jacó: Porque tu és meu irmão, hás de servir-me de graça? Declara-me qual será o teu salário.

16 E Labão tinha duas filhas; o nome da mais velha era Lia, e o nome da menor Raquel.

17 Lia tinha olhos tenros, mas Raquel era de formoso semblante e formosa à vista.

18 E Jacó amava a Raquel, e disse: Sete anos te servirei por Raquel, tua filha menor.

19 Então disse Labão: Melhor é que eu a dê a ti, do que eu a dê a outro homem; fica comigo.

20 Assim serviu Jacó sete anos por Raquel; e estes lhe pareceram como poucos dias, pelo muito que a amava.

21 E disse Jacó a Labão: Dá-me minha mulher, porque meus dias são cumpridos, para que eu me case com ela.

22 Então reuniu Labão a todos os homens daquele lugar, e fez um banquete.

23 E aconteceu, à tarde, que tomou Lia, sua filha, e trouxe-a a Jacó que a possuiu.

24 E Labão deu sua serva Zilpa a Lia, sua filha, por serva.

25 E aconteceu que pela manhã, viu que era Lia; pelo que disse a Labão: Por que me fizeste isso? Não te tenho servido por Raquel? Por que então me enganaste?

26 E disse Labão: Não se faz assim no nosso lugar, que a menor se dê antes da primogênita.

27 Cumpre a semana desta; então te daremos também a outra, pelo serviço que ainda outros sete anos comigo servires.

28 E Jacó fez assim, e cumpriu a semana de Lia; então lhe deu por mulher Raquel sua filha.

29 E Labão deu sua serva Bila por serva a Raquel, sua filha.

30 E possuiu também a Raquel, e amou também a Raquel mais do que a Lia e serviu com ele ainda outros sete anos.

31 Vendo, pois, o Senhor que Lia era desprezada, abriu a sua madre; porém Raquel era estéril.

32 E concebeu Lia, e deu à luz um filho, e chamou-o Rúben; pois disse: Porque o Senhor atendeu à minha aflição, por isso agora me amará o meu marido.

33 E concebeu outra vez, e deu à luz um filho, dizendo: Porquanto o Senhor ouviu que eu era desprezada, e deu-me também este. E chamou-o Simeão.

34 E concebeu outra vez, e deu à luz um filho, dizendo: Agora esta vez se unirá meu marido a mim, porque três filhos lhe tenho dado. Por isso chamou-o Levi.

35 E concebeu outra vez e deu à luz um filho, dizendo: Esta vez louvarei ao Senhor. Por isso chamou-o Judá; e cessou de dar à luz.

Essa sequência fala pouco sobre Lia e Raquel, mas o suficiente para fazermos uma análise sobre rejeição. Segundo a bíblia, Raquel era uma moça muito bonita, mas não se diz muito sobre a aparência de Lia, além de que ela tinha olhos meigos.

O começo da história vocês já conhecem, que é quando Jacó está indo de encontro a seu tio Labão, encontra Raquel no meio do caminho, se apaixona por ela e pede a sua mão ao seu tio em troca de trabalho.

Ele trabalha durante 7 anos e a palavra de Deus nos diz que para Jacó, o tempo passa rápido, devido ao amor que Jacó sente por Raquel. Quando ele se casa, descobre que foi enganado e que na verdade seu sogro entregou para ele a sua filha mais velha, Lia, ao invés da filha mais nova, Raquel.

Então a moça que se deitou com ele na noite de núpcias não foi Raquel, mas sim sua irmã porque por tradição, as filhas mais velhas se casavam antes das mais novas.

Jacó então passa a semana de núpcias com ela, mas depois negocia com o tio para trabalhar mais 7 anos de graça e então, se casa com Raquel, sua amada.

Depois do casamento com sua segunda esposa, Raquel, a primeira esposa, Lia começa a sofrer rejeição, afinal ela não é amada, não é querida e não é tão linda como a irmã.

Mas antes da gente aprofundar no tema, eu gostaria de pontuar algumas coisas:

Antes de estudar a sua história, eu achava que Lia era ruim, era chata, que ela estava atrapalhando, era a vilã, pois a linda história de amor era de Raquel com Jacó. Mas então eu fui criando maturidade espiritual e percebi que ela estava em obediência, ela estava no lugar certo, fazendo a coisa certa. Ela obedeceu o pai, era submissa ao marido, estava exatamente no lugar que deveria estar. Isso faz da história ainda mais triste, pois ela foi muito injustiçada. Afinal, ela estava em obediência, estava seguindo a lei, pois quando Labão entrega a Lia para se casar, ele fala que na terra deles, quem se casa primeiro é a mais velha, depois a mais nova. Então o próprio pai entregou ela em casamento, porém ele enganou Jacó. Ele poderia, antes de tudo, ter informado a Jacó que primeiro ele teria que se casar com a filha mais velha, então Jacó poderia ter conseguido achar um casamento para Lia, um homem que de fato quisesse casar com ela.

Labão foi desleal e insensível, mas Jacó, historicamente, colheu o que ele plantou, pois lá atrás ele enganou o próprio pai para roubar a bênção do seu irmão mais velho, ou seja, ele foi enganado da mesma forma que enganou no passado.
Jacó estava tentando fazer com que Raquel fizesse o mesmo que ele no passado: "roubasse" a benção da irmã mais velha de se casar primeiro, por isso Deus permitiu que ele fosse enganado, para mostrar que nós colhemos o que plantamos.

Então ele colhe essa "injustiça", pois foi o que ele plantou, e depois se casa com o amor da vida dele. Durante a história nós percebemos que a Lia não faz nada de errado, além de estar exatamente no lugar onde ela deveria estar. Lia não maltrata o seu marido, nem ninguém, ela não fica revoltada durante toda história, pelo contrário, ela é uma mulher amorosa, que cuida do marido, que é submissa, fica com ele até o final, não trai, não vai embora. Ela persiste e continua!

Quantas vezes nós nos vemos nesse local, onde não somos amados, somos injustiçados, mas em nosso coração, estamos em plena convicção de que estamos no lugar certo e no tempo certo, que Deus escolheu e nos colocou?
Somos obedientes à nossa autoridade, estamos em obediência e em submissão ao propósito que Deus nos deu, mas mesmo assim, somos rejeitados e maltratados.

Esse é um dos piores sentimentos da rejeição, quando você está cumprindo a sua missão na terra e mesmo assim sofrer essa repulsa.

Mas diante de tanta injustiça, o Senhor viu a dor da moça e então o próprio Deus começa a honrar Lia.
Ele vê que ela é rejeitada pro seu marido e começa a dar filhos para ela, enquanto Raquel era estéril

Gênesis 29:31
"Quando o Senhor viu que Lia era desprezada, concedeu-lhe filhos; Raquel, porém, era estéril"

Como podemos ver no texto, o próprio Senhor tomou uma providência, uma providência de bênçãos, pois naquela época, as mulheres não tinham profissões, então quanto mais filhos homens, mais trabalhadores e mais conforto ela tinha. Filhos eram a certeza de que teria alguém para cuidar de dela e lhe sustentar durante a velhice.

Porém conforme Lia tinha seus filhos, podemos notar um padrão de dor e sofrimento nos significados dos nomes deles, como por exemplo, Rubem, Simeão, Levi e apenas no nome de Judá, ela finalmente ela louva ao Senhor.

Gênesis 29: 32 -35

32 Lia engra-vidou, deu à luz um filho e deu-lhe o nome de Rúben, pois dizia: "O Senhor viu a minha in-felicid-ade. Ago-ra, certamen-te o meu marido me amará".
33 Lia engravidou de novo e, quando deu à luz outro filho, disse: "Porque o Senhor ouviu que sou desprezada, deu-me também este". Pelo que o chamou Si-meão.
34 De novo engravidou e, quando deu à luz mais um filho, disse: "Agora, finalmente, meu marido se apegará a mim, porque já lhe dei três filhos". Por isso deu-lhe o nome de Levi.
35 Engravidou ainda outra vez e, quando deu à luz mais outro filho, disse: "Desta vez louvarei o Senhor". Assim deu-lhe o nome de Judá.

Nós conseguimos perceber que ela não abençoa os filhos, ela não dá nomes abençoados, nem destinos de bênçãos para eles, ela traz ali à existência desses filhos a tristeza dela, a necessidade dela, começando a objetifica as crianças. Seus filhos se tornam seus troféus, sua idolatria. Até que em Jacó ela recebe a cura do seu coração e exalta a Deus, que é o único digno de toda a exaltação.

Em Jacó, nós observamos o mesmo padrão, ele objetifica as mulheres, como prêmios, como coisas.
Conseguimos ver isso observando que mesmo depois de se casar com Lia, ele não tenta tratá-la com carinho, nem nutrir nenhum tipo de amor para ela, ele continua a tratando como objeto.
Como Lia era tratada como um objeto, ela passa isso para seus filhos, tornando eles ídolos, objetos da sua satisfação.

Quando você idolatra algo, se torna como aquilo e a Bíblia mostra a Raquel também como uma idólatra.

Gênesis 31: 33-35

33 Então, Labão entrou na tenda de Jacó, e nas tendas de Lia e de suas duas servas, mas nada encontrou. Assim que saiu da tenda de Lia, entrou na tenda de Raquel.
34 Raquel tinha depositado os ídolos dentro da sela do seu camelo e estava sentada em cima. Labão vasculhou toda a tenda, todavia sem nada encontrar.
35 Então, Raquel pediu a seu pai: "Que meu senhor não veja com cólera que eu não possa me levantar em tua presença, pois estou com o fluxo costumeiro às mulheres". E Labão procurou com cuidado suas imagens, mas não as encontrou.

Ou seja. Quando a família de Jacó sai da terra do sogro, Raquel rouba um ídolo do pai. Ele vai atrás deles, ela mente e esconde o ídolo e mente para o pai.
Nessa família vemos claramente o pecado de idolatria de Raquel e seu pai.

Analisando a conduta de Jacó, como notamos antes, também vemos a forma como ele trata as mulheres como objeto, o que também é idolatria.
Quando Jacó conheceu Raquel, ele diz a Labão: "Entregue-me a sua filha, pois quero deitar-me com ela", ou seja, objetificação, idolatria.

Quando analisamos as histórias dos filhos de Lia, percebemos ali também algumas tragédias e revoltas da família.

Diná foi violentada

Gênesis 34: 1-19

1 Um dia Dina, filha de Jacó e Lia, saiu para conhecer as mulheres daquela terra.
2 E foi vista por Siquém, filho de Hamor, o heveu, chefe daquela região. E ele a agarrou e dormiu com ela à força.
3 Mas ele ficou apaixonado por Dina, filha de Jacó. Ele a amou e falou-lhe com carinho.
4 Depois Siquém disse ao seu pai, Hamor:
—Fale com a família daquela jovem que eu quero me casar com ela.

5 Quando Jacó soube que Siquém tinha desonrado a sua filha Dina, ficou esperando que os seus filhos regressassem do campo onde estavam cuidando dos rebanhos.
6 Nesse mesmo tempo, Hamor, pai de Siquém, foi procurar Jacó para falar com ele.

7 Os filhos de Jacó voltaram do campo e souberam do que tinha acontecido. Então ficaram furiosos porque Siquém, ao se deitar com a filha de Jacó, tinha feito algo vergonhoso contra Israel. Eles diziam que isso não devia ter sido feito.

8 Hamor falou com eles:

—O meu filho Siquém está apaixonado por Dina, peço-lhes que o deixem casar com a sua filha.

9 Vamos fazer um acordo: que os nossos homens possam se casar com as suas jovens, e que os seus homens possam se casar com as nossas jovens.

10 Fiquem vivendo aqui nesta terra conosco. A nossa terra está à sua disposição. Vivam nela, façam negócios e comprem propriedades.

11 Então Siquém disse ao pai e aos irmãos de Dina:

—Façam-me este favor e eu lhes darei tudo o que me pedirem.

12 Peçam um preço muito alto e muitos presentes, eu pagarei o que pedirem, mas deixem-me casar com ela.

13 Mas os filhos de Jacó decidiram enganar Siquém e o seu pai, por causa de Siquém ter violado Dina, a irmã deles.

14 Então lhe disseram:

—Não podemos deixar que a nossa irmã se case com um homem que não é circuncidado. Isso seria uma vergonha para nós.

15 A nossa única condição é que vocês se tornem como nós, que todos os seus homens sejam circuncidados.

16 Só assim os seus homens poderão se casar com as nossas mulheres e os nossos homens com as suas

mulheres. Assim ficaremos vivendo com vocês e seremos um só povo.
17 Se, porém, não concordarem e não se circuncidarem, partiremos com Dina[a].

18 Hamor e o seu filho Siquém consideraram razoável o pedido.
19 Siquém não demorou em fazer o que tinham lhe pedido porque amava a filha de Jacó.

Diná era filha de Lia e Jacó.
Ela sai de casa sozinha para conhecer novas da região, ficando em situação de perigo.
Nessa falta de proteção, ela foi violentada.

O que quero pontuar é a brecha por onde satanás entrou para ferir Dina.

Primeiro, vamos imaginar o ambiente em que essa menina estava vivendo.
No seu ambiente familiar, mãe e madrasta competiam a atenção do marido, Jacó, que talvez não conseguia se dedicar tanto aos filhos de Lia por conta da briga com sua irmã. Além de ver a mãe sendo rejeitada pelo marido, ela também foi por consequência e a bíblia nos diz que ela saiu para buscar por amigas. Esse é um ponto importante a observar, pois talvez ela realmente não tivesse o afeto e o carinho que deveria ter dentro de casa.

O segundo ponto que quero observar é a falta de proteção.

A bíblia diz que ela sai sozinha em busca de amigas, e não para encontrar amigas que ela já tinha. Ou seja, ela estava realmente saindo da área familiar. Eles deviam ter vizinhos, conhecidos e amigos. Nossos ambientes de convivência são com os de perto primeiro, mas que já vimos que ela não conseguiu desenvolver uma relação amigável com ninguém dali, tendo que explorar o ambiente para encontrar afeto.

O perigo foi embarcar totalmente sozinha nessa jornada. Ela estava carente, sozinha e satanás entrou nessa situação em forma de resposta ao seu coração carente, ou com uma ferida maior ainda que confirmava no coração de Dina que ela realmente não tinha valor.

Quantas vezes não passamos por situações assim: Buscamos distrações para o nosso coração vazio, ambientes adversos em casa ou conflitos. Nos vemos desesperadas por alguém que nos entenda e preencha uma falta.

Saímos sozinhas e vulneráveis para tomar nossas próprias decisões, mas lá na frente encontramos uma armadilha. Então somos abusadas, hostilizadas e desvalorizadas. O inimigo consegue, violentamente, afirmar ainda mais que não temos valor e estamos sozinhas. Satanás usa nossas brechas para nos jogar no fundo do poço onde às vezes pensamos que não conseguiremos sair ou que vamos nos curar.

Depois que tudo passa, ainda sentimos culpa, e entendemos a violência como amor:

- ele estava tão apaixonado, que não pode evitar
- eu estava mesmo buscando um amor e agora encontrei
- vou casar com meu violentador para "consertar" ele

- foi minha culpa, eu provoquei isso

E aceitando as negociações dos nossos abusadores, permanecemos em relacionamentos abusivos, injustos e violentos.

Quando se sentir assim, preencha todo o seu coração com Jesus. Ele entende nossas dores, traições e rejeições. Ele sofreu para que nós não devêssemos mais sofrer. A culpa não é sua e nem da sua fragilidade. Satanás não merece a nossa negociação. Ele só se levanta para perder e não podemos aceitar que ele ganhe espaço na nossa mente ou na nossa vida. Tenha forças e retire tudo que o inimigo colocou na sua vida como "resposta" de uma necessidade sua. O que vem de Deus trás cura e restauração, e não culpa.

Rubem, o vingador

Gênesis 34: 20- 31

20 Hamor e o seu filho, Siquém, foram à entrada da cidade e disseram aos homens da cidade:

21 —Estes homens são homens de paz. Deixem que eles vivam nesta terra e façam negócios aqui. Temos muito espaço para eles. Casemo-nos com as filhas deles e que eles se casem com as nossas filhas.
22 Mas eles só aceitam viver aqui conosco e formar um só povo com esta condição: que todos os nossos homens sejam circuncidados, pois eles são todos circuncidados.

23 As suas terras, o seu gado e todos os seus animais serão nossos. Aceitemos, portanto, o que nos pedem para que fiquem vivendo conosco.

24 Todos os habitantes da cidade concordaram com Hamor e com o seu filho Siquém. Então todos os homens foram circuncidados.

25 Três dias depois, quando os homens da cidade estavam cheios de dores, Simeão e Levi, filhos de Jacó e irmãos de Dina, pegaram as suas espadas, entraram na cidade desprotegida e mataram todos os homens.
26 Mataram à espada também Hamor e o seu filho Siquém. Depois tiraram Dina da casa de Siquém e foram embora.
27 Depois vieram os outros filhos de Jacó, passaram por cima dos corpos e roubaram tudo o que havia na cidade, porque Siquém tinha desonrado a sua irmã.
28 Levaram as ovelhas, os bois, os seus jumentos e tudo o que havia na cidade e nos campos.
29 Capturaram todos os seus bens, as suas mulheres, os seus filhos e tudo o que tinham nas suas casas.

30 Então Jacó disse a Simeão e Levi:
—Vocês me arruinaram. Os cananeus e os ferezeus, que vivem nestas terras, vão me odiar. Nós não somos muitos e se os povos destas terras se unirem e nos atacarem, seremos todos destruídos.

31 Mas os filhos de Jacó lhe disseram:
—Ele não devia ter tratado a nossa irmã como se fosse uma prostituta.

Rubem, recebeu esse nome após sua mãe, Lia dizer "quem sabe agora o meu marido vai me amar", mas ainda assim continuou sendo rejeitada.

O menino sentiu essa realidade a sua vida toda. Além de seu nome, ele ainda pode presenciar a rejeição que sua mãe passou e talvez até ele mesmo. Quando ele ficou mais velho, chegou a hora de fazer justiça com as próprias mãos.

Ele foi o justiceiro de sua irmã, mas mesmo assim não teve a aprovação do pai, o que pode ter deixado ele ainda mais triste e inseguro com a sua rejeição vivida. Então no decorrer da história, Rubem fez o que desagradava gravemente o pai, mas também a Deus.

Gênesis 49:1-4

1 *"Jacó chamou os seus filhos e disse: — Fiquem em volta de mim, e eu lhes direi o que vai acontecer com vocês no futuro.*

2*"Fiquem reunidos em volta de mim para ouvir, filhos de Jacó; escutem o que diz Israel, o seu pai.*

3*"Rúben, você é o meu filho mais velho. Você é a minha força, o primeiro fruto do meu vigor, o mais orgulhoso e o mais forte dos meus filhos.*

4 *Você é violento como a correnteza, porém não será o mais importante, pois dormiu com a minha concubina, desonrando assim a cama do seu pai."*

(A concubina que Rubem se deita é Bila, também mãe de alguns dos filhos de Jacó)

A revolta de Rubem, certamente foi contra o seu próprio pai. Além de ver toda dor que sua mãe passou, ainda teve que presenciar atitudes de um pai omisso e que não protegeu sua irmã.

Rubem tinha o coração sincero buscando por justiça, porém com atitudes pecaminosas.
Sua sede de justiça fez com que ele mesmo pecasse e perdesse as bênçãos de Deus que viriam sobre a sua vida por ser primogênito.

E quantas vezes nós mesmos também nos comportamos como Rubem. Em busca de justificação para nós ou para o outro, acabamos nos irando e pecamos. Caímos em erros que sabemos ser injustificáveis, mas que nossa sede de vingança nos leva a fazer.
Entramos em brigas por poder, territórios e direitos sem necessidade. Na verdade, apenas queremos fazer aquilo que deveria ser feito, mas não foi.

É importante lembrar que quando somos fracos é que somos fortes, ou seja, todas as vezes que não podemos nos proteger será o próprio Deus que usará de suas armas divinas para nos justificar.
Também devemos lembrar que, por mais que o mundo nos abandone, o Senhor nos deixou um consolador para enxugar nossas lágrimas, acalentar nossas dores e até ouvir nossos gritos de fúria e chateação.
O Senhor Jesus é aquele que de fez carne para sofrer tudo aquilo que nós deveríamos sofrer, mas Ele levou sobre si.
Permita o Senhor secar as suas lágrimas e ser o seu juiz nas suas causas impossíveis.
 Não peque para "resolver" um problema. Deixe o Espírito Santo te consolar e o Senhor te justificar.

O poder do profético

No último conjunto de versículos, vemos José profetizando aos seus filhos em sua velhice.
Pais e responsáveis têm uma autoridade espiritual sobre aqueles que cuidam de determinar realidades.
Pensando nisso, podemos perceber que Lia, ao sofrer em sua própria carne a dor da rejeição, ela poderia ter profetizado algo diferente para seus filhos, e não as mesmas dores que ela viveu.

Qual atitude de Lia poderia ter sido a chave que viraria a situação da sua família? A profecia!!
Ela poderia ter voltado- se a Deus e se lembrado que ela era, sim, a esposa escolhida, estava no lugar certo. Mesmo sendo rejeitada ela estava em obediência ao pai, as leis de seu povo e em santidade. Ela poderia ter declarado bençãos para si mesma e seus descendentes, mas escolheu passar essa herança de rejeição pros filhos.
Jacó passou essa herança de idolatria para os filhos e, mais uma vez, vemos os filhos pagando pelos erros dos pais.
O que Lia como a mãe, como a abençoadora, como a mulher que edifica a casa poderia ter feito? Ela poderia ter edificado os filhos, em vez de materializá-los como troféus, ela não foi culpada por tudo que aconteceu, mas ela poderia, sim, ter cortado essa raiz, afinal, ela tinha um relacionamento com Deus e O conhecia.
A própria Bíblia diz que Deus via que ela estava sendo rejeitada e foi de encontro a essa situação lhe dando filhos para que ela se sentisse amada.

Conseguimos ver o próprio Senhor justificando ela, para que se sentisse amada, como já sabemos que Deus age. Mas, mesmo assim, ela não conseguiu sentir esse amor. O amor de Deus não foi suficiente para apagar toda a rejeição que sofria do marido e ela acabou passando para os filhos a mesma falta que sentia. Ela poderia ter passado bênçãos para eles, poderia ter declarado para eles coisas como "eu fui rejeitada mas meus filhos não serão", "eu fui mal amada, mas meus filhos não serão", "o casamento da minha filha será abençoado", "meus filhos serão diferentes do pai", "meus filhos nãos herdarão transgressões e os comportamentos do pai", ela poderia ter ensinado a eles a não repetir coisas erradas, não andar com idolatria, não andar com objetivação e sexualização do corpo. Deus deu toda essa oportunidade de ter um relacionamento com ela, de ter a sua vida mudada e ela perdeu essa chance de ter uma intimidade mais profunda com Ele e adquirir coisas lá no eterno, trazendo à existência, profetizando o que ela desejava, naquelas terras férteis que eram seus filhos.

Quando Lia teve Judá, ela falou "dessa vez louvarei ao Senhor", depois disso não mostra mais nada do relacionamento dela com Deus, pois ela entendeu que ela tinha que virar a chave, ela entendeu que ela tinha que ter um posicionamento diferente, mas mesmo assim não vemos essa mudança na criação dos filhos, tanto que Diná, sua filha, saiu de casa para procurar amigas, ela foi para um outro povo para encontrar amigas, mas talvez se ela suprisse essa carência da filha em casa.

Se ela fosse uma mãe presente e atenciosa, Diná não precisaria ter ido para uma outra região. Não estou dizendo que ela não pode ter amigas, mas se a sua mãe tivesse essa amizade com ela, teria dado conselhos, não teria deixado que ela fosse sozinha, pois quando saímos de casa é para buscar algo que não encontramos lá. Muitas vezes nós estamos ali, nesse ambiente extremamente injusto, que Lia viveu, um ambiente triste, onde ela estava dentro da vontade de Deus e foi injustiçada, mas o Senhor viu e entrou na luta dela, e ela poderia ter usado dessa comunicação, dessa amizade com Deus para conseguir muito mais, mais bênçãos para seus filhos, orações que ela poderia ter feito para mudar o coração da irmã, ou que a irmã fosse descoberta pelo roubo e recebesse uma correção por ser idólatra, poderia ter feito orações de bênçãos e sinceras como as de Davi, mas ela deixou de aproveitar a oportunidade que Deus lhe deu, pois Ele a viu.

Depois, Deus viu Raquel e começou a dar filhos para ela também. Mas nesse tempo em que só ela estava tendo a atenção de Deus, que só ela estava sendo abençoada, poderia ter utilizado muito melhor a oportunidade.

Tem uma frase que diz: "Não existe oportunidade perdida", porque quando você não usa a oportunidade, alguém vai lá e a aproveita no seu lugar.

Então muitas vezes nós temos ali o favor de Deus, temos o céu aberto para que a gente possa utilizar nossos poderes que Deus nos dá espiritualmente de profetizar e abençoar nossos filhos, mas ela perdeu essa chance.

Nós também podemos notar essa rejeição se repetindo em nossa família e em quem nos relacionamos.

Assim como vemos que acontecem com José, mais rejeições, mais uma geração sofrendo com essa repulsa e isso acontece várias vezes ao longo da história, pois tudo o que não matamos pela raiz, se repete.

Mate o mal pela raiz. Profetize bênçãos sobre a nação, sua casa é sua família

COMPORTAMENTO

CLUBE ELAS

Londres, desde 26 setembro de 2019

IMERSÃO REJEIÇÃO

Exercícios - Estudo de Lia

PESSOAS NÃO SÃO TROFEUS

Mude a perspectiva de como você vê o ser humano.
O próprio Abraão idolatrou seu filho porque ele foi muito desejado.

Você tem idolatrado alguém? Familia, chefe, pessoas famosas?
Se essa pessoa morresse, você conseguiria viver sem ela?
Vença a idolatria!

PROJETE O FUTURO COM PALAVRAS

Palavras de afirmação e motivação podem transformar o ambiente ao seu redor.
Não seja negativa! incentive quem você ama a vencer!
Pare de falar mal de pessoas.
Isso pode causar uma revolta em quem ouve que você nem imagina.
ex: se você fala mal da igreja, não adianta chamar a pessoa pro culto. Ela não vai!

SEJA UMA PESSOA AGRADAVEL

Vocé nunca vai agradar a todos.
Não é esse o ponto!
Decida ser alguém que você gostaria de estar perto.

Tem gente que só reclama, grita e amaldiçoa. Já parou pra analisar a vida de uma pessoa solitária?
Deve haver uma razão para isso...
Seja o que você deseja no outro.

TENHA DEUS COMO SEU JUIZ

Quantas vezes queremos fazer com nossas próprias mãos ou pagar com a mesma moeda.
Queremos vingar nossa honra e de nossa família, mas esquecemos de colocar os problemas nas mãos daquele que pode resolver com mais facilidade.

Entregue as vinganças da sua vida ao Senhor. Não é fácil, mas vale a pena!

CLUBE ELAS

Londres, desde 26 setembro de 2019

IMERSÃO REJEIÇÃO

Exercícios - Estudo de Lia

PESSOAS NÃO SÃO TROFEUS

Após identificar a idolatria em seu coração. Converse com o Senhor para que Ele mude essa realidade.

Entregue os sentimentos errados do seu coração para que Deus os mude e ore por cada pessoa que você idolatra.

PROJETE O FUTURO COM PALAVRAS

Você sabia que através da sua boca você pode trazer a existência aquilo que ainda não é?!

PROFETIZE!
Declare bençãos na sua casa, nos seus filhos e na sua família. Entre em oração no reino espiritual e faça existir aquilo que ainda não existe!

SEJA UMA PESSOA AGRADAVEL

O segredo de não passar o dia reclamando é reclamar para Deus!
A melhor coisa da oração é ter a liberdade de dizer ao Senhor tudo o que você deseja.
A murmuração é porta do inimigo, mas a oração é caminho para Deus.

Transforme sua murmuração em oração sincera ao pai!

TENHA DEUS COMO SEU JUIZ

Reivindique!
Peça ajuda!
Peça para Deus mudar corações e realidades.

Ele é o Senhor que julga o bem e o mal e vem a nos com correção.
Não deseje mais de justificar ou se vingar. Entregue para o juiz a sua causa em oração.

A rejeição de José

A história de José é contada desde o início da sua família, em Gênesis 25, até o capítulo 50 (faça a leitura completa em sua Bíblia).
Nós já sabemos que a rejeição dele trouxe muitos benefícios e é onde eu quero entrar agora nesse último personagem.

Gênesis 37

1 E Jacó habitou na terra das peregrinações de seu pai, na terra de Canaã.

2 Estas são as gerações de Jacó. Sendo José de dezessete anos, apascentava as ovelhas com seus irmãos; sendo ainda jovem, andava com os filhos de Bila, e com os filhos de Zilpa, mulheres de seu pai; e José trazia más notícias deles a seu pai.

3 E Israel amava a José mais do que a todos os seus filhos, porque era filho da sua velhice; e fez-lhe uma túnica de várias cores.

4 Vendo, pois, seus irmãos que seu pai o amava mais do que a todos eles, odiaram-no, e não podiam falar com ele pacificamente.

5 Teve José um sonho, que contou a seus irmãos; por isso o odiaram ainda mais.

6 E disse-lhes: Ouvi, peço-vos, este sonho, que tenho sonhado:

7 Eis que estávamos atando molhos no meio do campo, e eis que o meu molho se levantava, e também ficava em pé, e eis que os vossos molhos o rodeavam, e se inclinavam ao meu molho.

8 Então lhe disseram seus irmãos: Tu, pois, deveras reinarás sobre nós? Tu deveras terás domínio sobre nós? Por isso ainda mais o odiavam por seus sonhos e por suas palavras.

9 E teve José outro sonho, e o contou a seus irmãos, e disse: Eis que tive ainda outro sonho; e eis que o sol, e a lua, e onze estrelas se inclinavam a mim.

10 E contando-o a seu pai e a seus irmãos, repreendeu-o seu pai, e disse-lhe: Que sonho é este que tiveste? Porventura viremos, eu e tua mãe, e teus irmãos, a inclinar-nos perante ti em terra?

11 Seus irmãos, pois, o invejavam; seu pai porém guardava este negócio no seu coração.

12 E seus irmãos foram apascentar o rebanho de seu pai, junto de Siquém.

13 Disse, pois, Israel a José: Não apascentam os teus irmãos junto de Siquém? Vem, e enviar-te-ei a eles. E ele respondeu: Eis-me aqui.

14 E ele lhe disse: Ora vai, vê como estão teus irmãos, e como está o rebanho, e traze-me resposta. Assim o enviou do vale de Hebrom, e foi a Siquém.

15 E achou-o um homem, porque eis que andava errante pelo campo, e perguntou-lhe o homem, dizendo: Que procuras?

16 E ele disse: Procuro meus irmãos; dize-me, peço-te, onde eles apascentam.

17 E disse aquele homem: Foram-se daqui; porque ouvi-os dizer: Vamos a Dotã. José, pois, seguiu atrás de seus irmãos, e achou-os em Dotã.

18 E viram-no de longe e, antes que chegasse a eles, conspiraram contra ele para o matarem.

19 E disseram um ao outro: Eis lá vem o sonhador-mor!

20 Vinde, pois, agora, e matemo-lo, e lancemo-lo numa destas covas, e diremos: Uma fera o comeu; e veremos que será dos seus sonhos.

21 E ouvindo-o Rúben, livrou-o das suas mãos, e disse: Não lhe tiremos a vida.

22 Também lhes disse Rúben: Não derrameis sangue; lançai-o nesta cova, que está no deserto, e não lanceis mãos nele; isto disse para livrá-lo das mãos deles e para torná-lo a seu pai.

23 E aconteceu que, chegando José a seus irmãos, tiraram de José a sua túnica, a túnica de várias cores, que trazia.

24 E tomaram-no, e lançaram-no na cova; porém a cova estava vazia, não havia água nela.

25 Depois assentaram-se a comer pão; e levantaram os seus olhos, e olharam, e eis que uma companhia de ismaelitas vinha de Gileade; e seus camelos traziam especiarias e bálsamo e mirra, e iam levá-los ao Egito.

26 Então Judá disse aos seus irmãos: Que proveito haverá que matemos a nosso irmão e escondamos o seu sangue?

27 Vinde e vendamo-lo a estes ismaelitas, e não seja nossa mão sobre ele; porque ele é nosso irmão, nossa carne. E seus irmãos obedeceram.

28 Passando, pois, os mercadores midianitas, tiraram e alçaram a José da cova, e venderam José por vinte moedas de prata, aos ismaelitas, os quais levaram José ao Egito.

29 Voltando, pois, Rúben à cova, eis que José não estava na cova; então rasgou as suas vestes.

30 E voltou a seus irmãos e disse: O menino não está; e eu aonde irei?

31 Então tomaram a túnica de José, e mataram um cabrito, e tingiram a túnica no sangue.

32 E enviaram a túnica de várias cores, mandando levá-la a seu pai, e disseram: Temos achado esta túnica; conhece agora se esta será ou não a túnica de teu filho.

33 E conheceu-a, e disse: É a túnica de meu filho; uma fera o comeu; certamente José foi despedaçado.

34 Então Jacó rasgou as suas vestes, pôs saco sobre os seus lombos e lamentou a seu filho muitos dias.

35 E levantaram-se todos os seus filhos e todas as suas filhas, para o consolarem; recusou porém ser consolado, e disse: Porquanto com choro hei de descer ao meu filho até à sepultura. Assim o chorou seu pai.

36 E os midianitas venderam-no no Egito a Potifar, oficial de Faraó, capitão da guarda.

Primeiro quero fazer uma pontuação sobre outro personagem, que a gente falou no capítulo de Lia, que é o Rubem, seu filho e irmão de José por parte de pai.
Já sabemos que Rubem era um justiceiro, que tinha dormido com a concubina do próprio pai pois estava tentando fazer justiça com as próprias mãos, tentando fazer talvez com que o pai olhasse mais para a mãe dele, fazendo dessa revolta um ato de rejeição, afinal, ele e a mãe tinham sido rejeitados.
Mas quando começamos a falar sobre José, Rubem aparece novamente e nós vemos que ele realmente era um justiceiro, amava sua família e fazia o bem, da forma errada, mas ainda assim fazia o que achava que era certo.
Por isso, antes de entrar para a história de José, quero que

você analise junto comigo o que Rubem faz quando seu irmão é capturado e vendido pelos outros.

Este fato confirma as observações do que discutimos no capítulo anterior, onde observamos como Rubem se preocupa com sua família e tenta ser justo. Ele age sempre protegendo a todos e aparentemente com "atitudes de vilão", mas nesse trecho, nós vemos as verdadeiras intenções do seu coração, que é cuidar da sua família da forma que ele achava ser a correta.

Então José vai para o Egito porque seus irmãos acabam o vendendo como escravo e nós conseguimos acompanhar toda a sua trajetória em uma das melhores histórias para se ler da Bíblia, na minha opinião.
No decorrer da vida, José enfrenta coisas ruins, sofre injustiça, se esquecem dele, mas logo acontecem outras coisas, fazendo a profecia se tornar real e o tornando o maior governador do Egito.
Ele é extremamente abençoado e depois a sua família reaparece, pois a cidade deles estava passando falta de alimentos pela falta de chuva, então eles se mudam para onde José é o governador e o encontram lá.

Porém, você realmente consegue enxergar que a rejeição que José sofreu não afeta o ego dele, pois ele tinha a sua identidade bem firmada com Deus.
Na Bíblia não contém detalhes dos sentimentos de José, mas eu creio que ele lidava de forma madura e em fé com tudo isso. Talvez por acreditar em seus sonhos proféticos, ele se mantinha forte.
Ao longo da história, você não vê José reclamando.

Quando José é preso, ele se entristece por ter sido esquecido quando pediu ajuda, mas não vemos José questionando e blasfemando contra Deus. Ele continua firme usando seus Dons para ajudar os outros.

Provavelmente ele não reclamava porque ele sabia que tinha o dom da revelação, então ele estava aberto para que isso acontecesse porque já sabia e confiava em como ia ser a história.

Por isso também que ele tenta pedir para o copeiro levar ele de volta para dentro do reino, para que ele possa estar ali mais perto do seu propósito, mas José é esquecido na cadeia, pois não era aquele caminho que Deus queria que ele fosse ao seu destino.

Conseguimos ver que José sofre a rejeição dos irmãos, a dor de ser um escravo, a injustiça de ser preso e mais uma rejeição em ser esquecido na cadeia. Mas ainda assim, ele não deixa de cumprir seu propósito de ajudar, cuidar e interpretar sonhos das pessoas.

E esse dom foi o que o levou ao seu destino profético no futuro. Já imaginou se ele tivesse abandonado a sua fé e se revoltado contra Deus? Talvez teria morrido na cadeia.

José tinha que ter sido rejeitado pelos irmãos para chegar a região que ele iria governar. O que aconteceu serviu para tirar ele do ambiente da casa do seu pai.

José não teria como chegar aonde ele chegou sendo um filho mimado, pois a bíblia diz que ele era o mais amado, o mais querido, tinha as melhores roupas, tudo do bom e do melhor, pois era o filho da velhice de Jacó, filho da sua amada Raquel. Então entendemos que ele era super protegido.

Nós podemos perceber aqui a mão de Deus também nas coisas ruins que acontecem na nossa vida. Como vamos alcançar lugares grandes e distantes sem os processos intensos?

Conseguimos ver José ali passando por pelo menos 3 processos extremamente difíceis na vida dele antes de se tornar governador do Egito. Como ele iria aprender as lições da vida sendo o filho mais mimado da casa dele? Sendo o mais superprotegido?

Então nós também vemos o favor de Deus nessa rejeição, na parte em que os irmãos o venderam.

Percebemos as coisas acontecendo com a gente e pensamos: "mas eu sou escolhido, eu sou amado, o Senhor me escolheu e está tudo isso acontecendo comigo, por que?"

Porque você precisa ser moldado, seu caráter precisa ser reconstruído, você precisa mudar de lugar para que chegue mais próximo do seu propósito e Deus geralmente nos move na dor porque se está muito confortável, nós não vamos querer sair.

Se seu emprego é muito bom, você não larga tudo para viver o que o Senhor preparou para seu futuro.

O Senhor muitas vezes está te forjando naquilo que você está pensando ser ação do inimigo.

O Senhor está tirando coisas de você para te dar outras, mas às vezes a gente está tão impregnado, tão apegado, que não conseguimos deixar que Deus tire o que precisa tirar. Muitas vezes não deixamos nem Deus tocar na gente, fazendo com que os processos demorem ainda mais.

Se Deus já tinha essa promessa para José, como ele ia chegar até esse lugar?

Passando por processos!

E para passar por esses processos, geralmente precisamos estar longe de pai, longe de mãe, longe de quem nos mima e nos dá mais do que precisamos.

Qual a primeira coisa que coisa que foi tirado de José? O conforto.

Ele teve que se acostumar com o desconforto para que o seu caráter fosse moldado. Então, quando o caráter dele está do jeito que o Senhor acha que é o ideal, o próprio Deus o libera.

Primeiro a árvore está podre, então ela é arrancada do solo, depois limpamos a terra, preparamos o solo e plantamos uma nova árvore.

Não adianta plantar uma árvore nova do lado da velha, ela vai apodrecer do mesmo jeito, é preciso limpar tudo para depois trazer algo novo.

Como um prédio que está quase caindo aos pedaços. Ele precisa ser demolido para que se construa algo novo e mais forte naquele lugar. Mas a gente acha que a demolição é o final, a gente fala "Me batizei, pronto, é o fim. Essa é a minha demolição. Saí da minha vida passada, não faço mais o que fazia antes".

Demolimos o prédio e achamos que acabou, mas aí, tudo vira um monte de entulho e sujeira. Então a gente tem que limpar as nossas crenças, aquelas que são colocadas muitas vezes pela nossa família.

"Você precisa ser assim", "Eu não criei filho para isso", "Se continuar desse jeito, vai ser igual sua tia".

Provavelmente o pai de José tinha sonhos para ele, imaginou que ele seria do exército, um lutador ou algo assim. Mas quando José sai do ambiente confortável, também teve que mudar seus pensamentos.

Vemos claramente, pelo menos 3 etapas de crescimento de José, antes do romper e viver as promessas do Senhor.

- A rejeição, quando é vendido como escravo
- A força de fugir do pecado e a consequência injusta por ter escolhido fazer o certo
- A segunda rejeição, quando o esquecem na cadeia

Genesis 39

1 José foi levado para o Egito, onde os ismaelitas o venderam a um egípcio chamado Potifar, um oficial que era o capitão da guarda do palácio.

2 O Senhor Deus estava com José. Ele morava na casa do seu dono e ia muito bem em tudo.

3 O dono de José viu que o Senhor estava com ele e o abençoava em tudo o que fazia.

4 Assim, José ganhou a simpatia do seu dono, que o pôs como seu ajudante particular. Potifar deu a José a responsabilidade de cuidar da sua casa e tomar conta de tudo o que era seu.

5 Dali em diante, por causa de José, o Senhor abençoou o lar do egípcio e também tudo o que ele tinha em casa e no campo.

6 Potifar entregou nas mãos de José tudo o que tinha e não se preocupava com nada, a não ser com a comida que comia.

José era um belo tipo de homem e simpático.

7 Algum tempo depois, a mulher do seu dono começou a cobiçar José. Um dia ela disse:

— Venha, vamos para a cama.

8 Ele recusou, dizendo assim:
— Escute! O meu dono não precisa se preocupar com nada nesta casa, pois eu estou aqui. Ele me pôs como responsável por tudo o que tem.
9 Nesta casa eu mando tanto quanto ele. Aqui eu posso ter o que quiser, menos a senhora, pois é mulher dele. Sendo assim, como poderia eu fazer uma coisa tão imoral e pecar contra Deus?

10 Todos os dias ela insistia que ele fosse para a cama com ela, mas José não concordava e também evitava estar perto dela.
11 Mas um dia, como de costume, ele entrou na casa para fazer o seu trabalho, e nenhum empregado estava ali.
12 Então ela o agarrou pela capa e disse:
— Venha, vamos para a cama.

Mas ele escapou e correu para fora, deixando a capa nas mãos dela.
13 Quando notou que, ao fugir, ele havia deixado a capa nas suas mãos,
14 a mulher chamou os empregados da casa e disse:
— Vejam só! Este hebreu, que o meu marido trouxe para casa, está nos insultando. Ele entrou no meu quarto e quis ter relações comigo, mas eu gritei o mais alto que pude. 15 Logo que comecei a gritar bem alto, ele fugiu, deixando a sua capa no meu quarto.

16 Ela guardou a capa até que o dono de José voltou.
17 Aí contou a mesma história, assim:
— Esse escravo hebreu, que você trouxe para casa, entrou no meu quarto e quis abusar de mim.

18 Mas eu gritei bem alto, e ele correu para fora, deixando a sua capa no meu quarto.
19 Veja só de que jeito o seu escravo me tratou!

Quando ouviu essa história, o dono de José ficou com muita raiva.
20 Ele agarrou José e o pôs na cadeia onde ficavam os presos do rei. E José ficou ali.
21 Mas o Senhor estava com ele e o abençoou, de modo que ele conquistou a simpatia do carcereiro. 22 Este pôs José como encarregado de todos os outros presos, e era ele quem mandava em tudo o que se fazia na cadeia.
23 O carcereiro não se preocupava com nada do que estava entregue a José, pois o Senhor estava com ele e o abençoava em tudo o que fazia.

A segunda etapa de amadurecimento foi o teste de Fé. O Senhor sempre nos testa quando estamos passando por dificuldades.
A bíblia diz que aquele que é fiel no pouco, sobre o muito será colocado, então conseguimos entender claramente que passaremos sim pela dificuldade antes do momento de glória.
José que além de ter que resistir à tentação de se relacionar com a esposa de seu chefe, ainda tem que resistir a raiva da vingança e o sentimento de justiça própria. Tudo isso mostra o quanto José estava com seu coração firme no Senhor e no que O agradava.
José não corrompeu seus princípios por estar em nova terra e cultura, como muitas vezes nós mesmos fazemos e também não negou a Deus quando se sentiu abandonado, como fazemos todas as vezes que

desistimos de seguir os planos do Pai pelo caminho ser muito árduo.

O que será que teríamos feito no lugar de José?

Genesis 40: 13, 14, 15, 23

13 dentro ainda de três dias, Faraó levantará a tua cabeça e te restaurará ao teu estado, e darás o copo de Faraó na sua mão, conforme o costume antigo, quando eras seu copeiro.

14 Porém lembra-te de mim, quando te for bem; e rogo-te que uses comigo de compaixão, e que faças menção de mim a Faraó, e faze-me sair desta casa;

15 porque, de fato, fui roubado da terra dos hebreus; e tampouco aqui nada tenho feito, para que me pusessem nesta cova.

...

23 O copeiro-mor, porém, não se lembrou de José; antes, se esqueceu dele.

Na prisão, José passa por outra rejeição. Ele pediu ao copeiro, que era seu companheiro de cela: "Lembre-se de mim, fale de mim para o rei". Mas o copeiro esqueceu de falar sobre ele, que ficou lá esquecido, até que o próprio Deus cria uma situação para que ele seja lembrado.

Deus permite que ele seja esquecido porque não estava na hora e também não era o lugar que Deus desejava para ele trabalhar.

Se o copeiro tivesse lembrado de José naquele momento, ele voltaria para o seu ofício de antes, ou iria trabalhar junto com o copeiro, mas não eram esses os planos de Deus.

O Senhor faz isso com a gente a todo tempo. Além de mudar a nossa mente, o nosso caráter, Ele também nos muda de lugar. Todos aqueles nãos que nós recebemos são bênçãos, pois não é ali que Deus quer que a gente esteja. Deus quer lugares maiores para nós.

Se José fosse lembrado naquele mesmo dia pelo copeiro, provavelmente ele iria ser liberto para ser um ajudante do palácio, como já citei, em vez de cumprir o propósito dele. Então muitos nãos, são da vontade de Deus. Muitas rejeições que a gente passa acontecem porque Ele permite, para nos mover, para nos moldar e também para nos fazer esperar o tempo certo de ser chamado.

Mas por tantas vezes estamos cansados e a gente tenta acelerar processos pela nossa própria força.

Imagine se José saísse da prisão pela própria força, de um jeito mais prático e mais rápido. Provavelmente quando chegasse lá na frente, teria que voltar para consertar algo por não está no lugar que Deus queria, ou por não ter vivido por completo um processo que necessitava.

Quando a gente pula processos a gente perde tempo, dinheiro e faz confusão. É nesse momento que você acha que está indo para frente, mas está indo para trás.

Mas quando seguimos o tempo de Deus, a gente acha que está indo para trás, mas Ele está só esperando o momento certo de você finalmente alcançar o seu propósito.

Deus não vai te mover para te colocar como copeiro ou ajudante de ninguém. Ele vai fazer coisas grandes!

Então nós temos que entender que alguns momentos de rejeição são uma bênção para não tomarmos caminhos errados. Pois para Ele, aquilo que estamos desesperados para conquistar não é nada perto do que Ele quer te dar, por isso talvez seu plano não deu certo.

Quando eu cheguei aqui na Inglaterra, eu comecei a trabalhar na limpeza de um teatro e eu amava trabalhar lá, achava o máximo. Depois de 4 meses, comecei a viver um tempo de muita confusão e conflitos. Começaram a cortar meus horários e me perseguir e eu fiquei me perguntando o que estava acontecendo. "Por que aquilo estava acontecendo comigo?"
Quando eu deixei esse emprego, abri minha própria empresa e entendi um dos propósitos de Deus se cumprindo na minha vida e abrindo um caminho lindo ministerial.

Muitas vezes o NÃO, a rejeição, as desavenças no trabalho são coisas que Deus está permitindo para que você não se apaixone pelo ambiente e não se acomode, para que Ele te tire daquele espaço quando a hora certa chegar.
Deus vai colocar oportunidades, mas quando o seu propósito de estar naquele lugar se cumprir, você vai ter que sair.
Imagine se Davi decidisse continuar sendo pastor de ovelhas, em vez de aceitar a oportunidade de ser rei de Israel?
Use o que Deus liberou e fez por você.
Aceite algumas rejeições e perseguições como forma de te ajudar a chegar em lugares que sozinho você não conseguiria.
Entenda e se renda a realidade que o Senhor te coloca e busque discernir o tempo certo de agir ou confiar.
Independente da dificuldade, siga em fé, pois Aquele que te prometeu, te deu sonhos, profecias e visões é fiel para

cumprir e realizar infinitamente mais do que nossa mente humana e limitada pode imaginar, quando continuamos fiéis a sua palavra.

CLUBE ELAS
Londres, desde 26 setembro de 2019

IMERSÃO REJEIÇÃO
Exercícios - Estudo de José

ANALISE DE CONSEQUENCIA

CONSEQUENCIAS RUINS

Após término de todos os vídeos da imersão, análise com clareza e racionalidade as consequências da sua história de rejeição.

Em um papel, faça uma lista de consequencias ruins que você teve e crie soluções para cada comportamento ruim.
(Peça ajuda a Deus em oração.)
Busque a melhora para cada comportamento e aplique em seu dia a dia.

CONSEQUENCIAS BOAS

Após término de todos os vídeos da imersão, análise com clareza e racionalidade as consequências da sua história de rejeição.

Em um papel, faça uma lista de consequências ncias boas que você teve e agradeça a Deus em oração pelo privilégio de ter sido forjada e vencido um problema com frutos bons.

Capítulo 3
Histórias Reais

Você

Eu não sei ainda quais são as dores que você carrega por consequência do que aconteceu na sua vida.
Eu não sei se você está lendo esse livro porque já se sentiu rejeitado ou porque quer ajudar alguém.
Pode ser que esteja lendo por curiosidade ou por admiração ao meu ministério, mas tenho certeza que o Senhor já deve ter falado com você em algum momento deste livro.

Quero te dizer que, mesmo não te conhecendo eu sou muito grata por esse livro ter chegado em suas mãos e de poder, de forma simples, te abençoar com o que eu aprendi.

O que eu quero te aconselhar é: esteja aberto para receber a cura e olhar para as histórias, não de um jeito julgador para o outro, ou pensando em quem poderia estar lendo, mas tente ao máximo aplicar as histórias na sua própria vida!
Agora eu gostaria de compartilhar com você histórias reais que com muito amor e respeito analisei e tentei trazer sugestões de atitudes que pudessem trazer soluções para esses momentos ruins.

Espero que essas histórias possam te trazer clareza, força e esperança.

Boa leitura!

Mãe forte, marido fraco

A história da Giovana é muito parecida com a maioria das mulheres fortes brasileiras.

Giovana cresceu com uma mãe exemplar!
Uma mãe que não tinha marido e cuidou dos filhos de forma honrosa. Sua mãe foi trabalhadora, guerreira, forte e direcionou sua casa por toda a infância e adolescência dos seus filhos.
Quando Giovana se casou, ela não conseguiu desvincular completamente de sua mãe, que por extinto, continuou cuidando da Giovana, mesmo de longe.
Após nascimento do primeiro filho, a própria Giovana começou a perceber que a voz de autoridade de sua casa ainda era a sua mãe. Era ela que educava seu filho e direcionava a rotina da casa. Isso começou a atrapalhar o seu casamento.

Então encontramos problemas de disfunção familiar por conta do posicionamento da autoridade. A autoridade que deveria estar no marido, ainda estava com a mãe. E quando o filho nasceu, nem pai, nem mãe tiveram voz ativa e de respeito com a criança.

Gênesis 2:24

"Por essa razão, o homem deixará pai e mãe e se unirá à sua mulher, e eles se tornarão uma só carne."

Giovana e a mãe sofreram com a falta da figura masculina em casa. A mãe se tornou o pai, e a filha não soube passar a autoridade para o marido também pelo mesmo motivo de não conhecer a figura de autoridade masculina.

A cura da rejeição de Giovana é o reposicionamento familiar que a família precisa.

Uma menina que nunca teve pai e sempre teve sua esperança na mãe, não conseguiu transferir a responsabilidade para o seu marido. Tudo porque foi rejeitada pela figura paterna.

Sua mãe também foi rejeitada, o que a fez proteger a casa como uma leoa, mas também teve sua dificuldade de desvincular da filha e do seu papel de autoridade. Ambas tiveram a dificuldade de seguir a palavra de Deus por conta da dor da rejeição!

O marido agora não tem voz em sua própria casa. Isso atrapalha no seu emprego, ministério, paternidade e até no sexo. Como ele não tem voz em casa, também não tem voz em lugar nenhum.

O problema virou uma bola de neve enorme, conseguem ver?

Soluções Práticas - Como Resolver?

1- Espiritual - com Deus

Tudo o que queremos fazer, tudo aquilo que desejamos que seja uma realidade na nossa vida, nós devemos falar e declarar no mundo espiritual.

Através da oração e do mover profetico é possível declarar aquilo que queremos, pedir perdão dos nossos pecados, ter uma conversa franca com Deus, nos arrepender e consertar os nossos erros. Então a solução para esse caso é devolver aquilo que é original de cada pessoa.

Primeiro peça perdão a Deus por ter colocado as pessoas nos lugares errados de sua vida. Apresente ao Senhor suas dores que ainda não foram curadas que por consequência fazem você ter atitudes erradas de acordo com a palavra do Senhor. Mostre para Deus que a sua ferida te faz colocar a sua mãe no lugar do seu marido, e dar autoridade da casa pra ela. Apresente em oração a vida dela e coloque-a no lugar certo através da oração. Peça a Deus para te ajudar a vê-la como mãe, respeitá-la como mulher e também peça a Deus para colocar pessoas na vida dela que sejam amparo e amizades que talvez ela não tenha ainda.

Na sua vida conjugal devolva espiritualmente o lugar de sacerdote ao seu marido. Declare em oração que ele é o cabeça da família e que através dele vocês serão abençoados.

Para a vida do seu filho faça o mesmo. Apresente a vida dele e coloque em oração você e seu marido como referência e autoridade, pois você e seu marido são os responsáveis espirituais e naturais dessa criança. Declare vida e bençãos na realidade espiritual de seu filho.

2- Alma - pensamentos

Quando pensamos muito sobre algo aquilo se torna uma atitude.

Aquilo que desejamos, pensamos e declaramos consequentemente algum dia vai vir até nós porque nós estamos chamando a existência tudo aquilo.

Mateus 21:22

Conceitos do Versículo
E tudo o que pedirdes na oração, crendo, o recebereis.

Mateus 7:12

Portanto, tudo o que vós quereis que os homens vos façam, fazei-lho também vós, porque esta é a lei e os profetas.

Efésios 4:29

Não saia da vossa boca nenhuma palavra torpe, mas só a que for boa para promover a edificação, para que dê graça aos que a ouvem.

O marketing digital trabalhar dessa maneira te mostra diversas vezes uma marca para que quando você precisar daquele serviço você vai se lembrar daquela marca. Se você vai no cinema e tem a propaganda de uma água e você vai no restaurante e tem a propaganda da mesma água e depois você vai pra casa e no caminho da sua casa tem também uma propaganda da mesma água, mesmo que você não comprem nesse exato momento pode ser que na semana seguinte que você for fazer as suas compras no mercado você leve essa água. Porque ela está associada a sua vivência, aos seus costumes e as experiências boas que você teve, logo, quando você entrar no mercado você vai se lembrar desse produto e comprá-lo, independente se ele for um pouco mais caro que os outros.

Dessa mesma forma deve ser os nossos pensamentos e declarações. Porque muitas vezes queremos mudar o nosso comportamento e não conseguimos? Por causa dos nossos pensamentos.

Se você é uma pessoa que trabalhar como vendedora de uma loja mais estuda administração você vai perceber que quando você está vendendo a sua atitude vai ser diferente. Quando você está com seus colegas de trabalho o seu comportamento e aquilo que sai da sua boca é diferente então você consegue entender que aquilo que temos na nossa alma, nossos pensamentos e conhecimento é aquilo que vai reger a nossa atitude. É muito mais fácil mudar o pensamento e profecia para que a atitude mudar, do que tentar mudar a sua atitude sem se convencer de que você está errado.

Então o convite que eu te faço é:
Convença-se do seu erro. Entenda o mal que seu erro faz. Através do seu entendimento você vai ter uma atitude de acordo com o que você tem aprendido.

Então o primeiro passo é mudar o seus pensamentos e focar a sua oração em colocar em ordem aquilo que ainda não está.
Se necessário use figuras!
Pegue uma revista, corte com fotos de uma família com pai, mãe e filhos e cole na geladeira para que você primeiro entenda o posicionamento, valor e o lugar do

seu marido e então você vai começar a reproduzir aquilo que você está entendendo.

3- Natural - Físico

Após o seu posicionamento na área espiritual, os seus pensamentos, vamos falar um pouco sobre o seu comportamento.

É importante mudar também a sua forma de falar e declarar na sua casa. Aquilo que você declara se torna realidade na vida dos seus filhos pois você tem autoridade espiritual sobre a vida dele, como vimos anteriormente e também na história de Lia.

Se o que você vai fazer, a partir de agora, é devolver a autoridade que era do seu marido de volta para ele, aprenda a limitar as ações externas de quem pode impedir que isso aconteça.

Por exemplo:

Quando sua mãe, sua vizinha, seu parente ou sua amiga vierem te dar instruções de comportamento, você deve confirmar com o sacerdote da sua casa antes de tomar essa atitude.

O seu marido é o seu pastor e a sua autoridade espiritual. O seu comportamento vai ser a resposta dentro de tudo que você orou. Não adianta orar, declarar e não ter fé. A fé vai ser o que vai gerar a suas atitudes.

Se você quer a mudança de algumas coisas, você deve dar o primeiro passo. Você também deve mudar.

É importante também que vocês estejam em constante vigilância e aprendizado.

O que é ser sacerdote? O que é ser o cabeça da casa? Essas são perguntas e pesquisas que constantemente você deve avaliar e atualizar no seu comportamento na sua casa. Através do aprendizado, cursos e acompanhamento pastoral, a sua casa será sólida e saudável seguindo aquilo que o senhor determinou, e não somente o que os nossos traumas e consequências determinaram para nós.

Te desejo uma evolução em amor e responsabilidade.

Produtividade e serviço

A história da Eduarda é primeiramente de perdas.
Com pai e mãe ausentes em casa, ela aprendeu a se virar!
Teve que crescer rápido, e conseguia chamar a atenção de seus pais pelos seus serviços domésticos.
Cuidar da casa e dos irmãos era o que lhe causava elogios, então a Duda passou a considerar a sua produtividade algo que lhe trazia afeto.
Quanto mais ela fazia em casa, mais reconhecimento. Então em seu subconsciente, produtividade se tornou afeto.

Crescendo, ela começou a perceber os sinais do abandono inconsciente da sua infância. A ausência dos seus pais a fizeram sentir-se rejeitada e agora suas atitudes são todas voltadas ao tipo de aprovação que ela aprendeu.
Ela serve na igreja. Serve os amigos. É excelente para fazer, mas ruim para parar e ter tempo de qualidade.

Na área do relacionamento amoroso, também é um pouco difícil para ela porque ela não entende o afeto que a transmitem, e também não consegue transmitir algo diferente de servir.

Ela ama "fazendo", o que pode incomodar aquele que às vezes deseja que ela se sente do lado dela e apenas aproveite a sua presença. Mas ela não sabe permanecer, porque seus pais não estavam tão presentes. Seu amor é em movimento e seu carinho em ação.

Há aqueles também que tentam amá-la de uma maneira mais verbal e interativa, mas que a sufoca, também pela falta do costume de ter alguém presente e que se importa. Ela se sente invadida!

Aquilo que ela deseja também é aquilo que ela não consegue entender e a faz fugir porque a sufoca.

Todos nós temos reações de como fomos criados e tratados na nossa infância. Mas o segredo de viver bem está muitas vezes na empatia.

Entender que o outro não entende como nós entendemos é saber também que ele vai demonstrar afeto de maneiras que não conhecemos. É entender que às vezes aquilo que mais buscamos vai nos assustar e nos fazer fugir, mesmo querendo ficar.

É confuso, mas a rejeição atrai ainda mais rejeição.

Porque fugimos daquilo que não conhecemos e acabamos confundindo quem nos quer bem com nossas atitudes.

Quando fugimos dizemos ao outro que não estamos interessados ou disponíveis, mas na verdade só estamos reagindo com proteção ao desconhecido.

No trabalho é ainda pior.

Por estar acostumada a servir para ser notada, ela acaba sendo aquela boa funcionária que faz além do que lhe foi pedido. Assume responsabilidades que não são seu dever e acaba sendo explorada pelos seus chefes e colegas. Como ela mesma não sabe outra forma de amar, acaba ensinando a todos que seu valor está no fazer e todos acabam a cobrando por isso.

 A libertação desses pensamentos e ações é a dependência de Deus.
Apenas permitindo que o Senhor tome o controle da nossa vida é que entenderemos que sem Ele, nada podemos fazer. A dependência nos faz sentir inútil, não para nos humilhar diante dos homens ou destruir o valor do que fazemos, mas para glorificar Aquele que verdadeiramente faz o que é perfeito.
Perder o controle da nossa vida e nossas ações dói. É um das fases mais longos e doloridos que já passei no meu processo de conversão. Mas perder o controle, a voz de comando na empresa, a sobra de dinheiro no bolso e a influência na internet por exemplo nos trás a um lugar que de fato perdemos PODER.
Servir incessantemente é exatamente a busca por esse poder. É mostrar valor, é dizer que somos bons o bastante. É provar que somos melhores e conseguimos dar conta de tudo. Mas depender é morrer para nos mesmos, pois nós nos tornamos o Deus que estamos adorando.
As nossa intenções de servir são uma forma de dizer a nós mesmos o quanto somos especiais e bons no que fazemos, mas servir a Deus é morrer para nos e entendermos que nada podemos fazer sem Ele.

Depender nos torna incapazes, e é nessa incapacidade que o Senhor se revela. Pois quando estou fraco, é que sou forte.

Homens vilões

A história de Janine é uma das mais complicadas que já conheci.

Abusada pelo pai, ela não conheceu o amor. Sua mãe omissa, também não conseguiu protegê-la da forma que deveria ser e por toda sua adolescência, Janine colheu frutos de más escolhas de seus pais e de suas tentativas de fugir da situação.

Janine se envolveu em relacionamentos abusivos e tóxicos porque não tinha referência de um amor genuíno e também por querer sair de perto de seus pais a qualquer custo.

Infeliz no amor, ela conseguiu sucesso na carreira, e na fase adulta, começou a tratar homens como vilões e como objeto.

Janine só se sentia segura se ela pudesse humilhar seus parceiros e ser mais forte que eles. Ela não se deixava ser cuidada e nem demonstrava fraqueza para que ninguém pudesse se aproveitar dela.

Essas atitudes também refletiram em seus empregos e amizade. A meta era ter controle e domínio sobre situações, pessoas e dinheiro. Assim, ela se sentiria segura para que ninguém a ferisse.

Por entender seus relacionamentos com o mundo cotidiano, conseguimos ver o reflexo que sua vida tinha em sua espiritualidade.

Janine sempre estava na defensiva para receber o amor de Deus e o cuidado de qualquer liderança. A igreja se tornou uma vilã onde ela queria distância e sua percepção de Deus também era de alguém autoritário e controlador.

A dificuldade que Janine teve durante toda sua vida transmitia na sua dificuldade de entender e receber o amor e cuidado do seu Senhor.

Isaias 49:15

Porventura pode uma mulher esquecer-se tanto de seu filho que cria, que não se compadeça dele, do filho do seu ventre? Mas ainda que esta se esquecesse dele, contudo eu não me esquecerei de ti.

Para esse caso, devemos entender que, mesmo em um mundo de aflições, Deus não nos abandonou.

Nos momentos que poderíamos ter morrido, Deus estava lá nos dando livramento. Nos momentos que nossos pais nos abandonaram, Deus estava lá com o seu Espírito Santo consolador, e nos momentos mais injustos, Deus estava tirando nossa culpa e levando sobre Ele mesmo a nossa dor.

O que devemos fazer, é clamar!

Deixar que nossa raiva, nossa emoção e nossos maiores desabafos vão para o lugar mais seguro: os ouvidos de Deus.

Pois é o Senhor que nos dá forças para seguir quando não aguentamos mais, quando somos traídos e esquecidos.

A oração é o lugar mais seguro para dizer o que pensa e ser consolado.

Davi passou por momentos de muita dor, e se apoiou naquilo que ele tinha de mais forte: as consolações de Deus...

Salmo 25

1 Ó Senhor Deus, a ti dirijo
   a minha oração.
2 Meu Deus, eu confio em ti.
Salva-me da vergonha da derrota;
não deixes que os meus inimigos
   se alegrem com a minha desgraça.
3 Os que confiam em ti não sofrerão
   a vergonha da derrota,
mas serão derrotados os que sem motivo
   se revoltam contra ti.
4 Ó Senhor, ensina-me
   os teus caminhos!
Faze com que eu os conheça bem.
5 Ensina-me a viver
   de acordo com a tua verdade,
pois tu és o meu Deus,
   o meu Salvador.
Eu sempre confio em ti.
6 Ó Senhor, lembra
   da tua bondade e do teu amor,
que tens mostrado
   desde os tempos antigos.
7 Esquece os pecados e os erros
   da minha mocidade.
Por causa do teu amor
   e da tua bondade,
lembra de mim, ó Senhor Deus!

8 *O Senhor é justo e bom*
e por isso mostra aos pecadores
   o caminho que devem seguir.
9 *Deus guia os humildes*
   no caminho certo
e lhes ensina a sua vontade.
10 *Ele é fiel e com amor guia*
todos os que são fiéis
   à sua aliança
e que obedecem aos seus mandamentos.
11 *Ó Senhor Deus, cumpre a tua promessa*
e perdoa os meus pecados,
   porque são muitos!
12 *Aqueles que temem o Senhor*
aprenderão com ele o caminho
   que devem seguir.
13 *Eles sempre terão sucesso,*
e a Terra Prometida
   será dos seus filhos.
14 *O Senhor Deus é amigo*
   daqueles que o temem
e lhes ensina as condições
   da aliança que fez com eles.
15 *Eu olho sempre para o Senhor,*
pois ele me livra do perigo.
16 *Ó Deus, olha para mim*
   e tem pena de mim,
pois estou sendo perseguido
   e não tenho proteção!
17 *Livra o meu coração*
   de todas as aflições
e tira-me de todas as dificuldades.
18 *Vê as minhas tristezas e sofrimentos*

e perdoa todos os meus pecados.
19 Vê quantos inimigos tenho;
vê como é grande o ódio deles
    contra mim.
20 Protege-me e salva-me;
livra-me da vergonha da derrota,
pois em ti encontro segurança.
21 Que a minha honestidade e sinceridade
    me protejam
porque confio em ti!
22 Ó Deus, salva Israel, o teu povo,
    de todas as suas dificuldades!

Salmo 28

28 Ó Senhor Deus, minha rocha,
    eu peço a tua ajuda!
Não deixes de ouvir o meu pedido.
Se não me responderes,
eu estarei com aqueles
    que descem ao mundo dos mortos.
2 Ouve-me quando levanto as mãos
    na direção do teu santo Templo
e grito, pedindo a tua ajuda.
3 Não me castigues
    juntamente com os maus,
com os que praticam más ações.
Eles falam como se fossem amigos,
mas o coração deles
    está cheio de maldade.
4 Castiga essas pessoas
    pelas suas ações,
por todo o mal que têm feito.

Dá aos maus o que merecem.
5 Eles não querem saber
*   do que o Senhor tem feito,*
nem reparam nos seus atos poderosos;
por isso, ele os castigará
e os destruirá para sempre.
6 Louvado seja Deus, o Senhor,
pois ele ouviu o meu grito
*   pedindo ajuda.*
7 O Senhor é a minha força
*   e o meu escudo;*
com todo o coração eu confio nele.
O Senhor me ajuda;
por isso, o meu coração está feliz,
e eu canto hinos em seu louvor.
8 O Senhor Deus é a força do seu povo.
O Senhor é o refúgio seguro do rei
*   que ele escolheu.*
9 Ó Deus, salva o teu povo
e abençoa aqueles que são teus!
Sê o pastor deles
e cuida deles para sempre.

Assim como Davi, devemos nos apegar naquilo que é eterno e bom.
Só o Senhor é tão bom diante de nós que perdoa nossos pecados e nos justifica diante dos nossos inimigos.
A oração é um lugar seguro e a ajuda do Senhor é o que nos faz vencer as injustiças que a maldade do mundo nos trás.
Através da oração somos libertos e amados.

A dependência de Deus é o lugar mais seguro que podemos estar.
Pois ele nos justifica, nos protege e depois nos cura para que sejamos cura aos feridos que encontramos pelo caminho da Cruz.

Aceite a verdade de Jesus e seja salvo.
Conheça a Deus e seja amado.
Tenha um relacionamento com o Espírito Santo e seja consolado.
Ore e seja liberto.

Capítulo 4
Minha História

No ventre

Quero falar com você sobre minha rejeição, o que eu passei e como foi para mim superar tudo isso. Primeiramente gostaria de dizer que eu fui sim, muito amada pela minha família e muito querida, mas o fruto da rejeição já estava dentro de mim, ele foi gerado em um determinado momento e, mesmo assim, todo esse amor não supriu as minhas necessidades porque já tinha o fruto semeado ali.

Eu sofri rejeição no ventre, e quando eu nasci, meu pai foi embora.

Minha mãe não me rejeitou, pois era o sonho dela ter um menino e uma menina, exatamente como ela teve, mas algumas pessoas pediam à minha mãe para me tirar durante a gravidez e, após nascer, meus pais se separaram e meu pai foi embora de casa.

Esse pode não ser o único motivo da colheita da rejeição, mas é uma semente que satanás rega durante toda nossa trajetória através de outras situações que ele coloca na nossa vida. As setas, as investidas e as violências são o que fazem uma pequena semente gerar um grande fruto.

Por isso a cura deve ser sempre feita pela raiz do problema, e essa foi a minha raiz.

Paternidade

Meu pai era o amor da minha vida e a falta dele me afetou muito na infância. Me lembro de ficar com febre de tanta saudade e as pessoas me dizendo que ele tinha sumido e não gostava de mim, o que era uma mentira. Consequentemente, eu senti essa rejeição na minha vida, mas não era algo perceptível, não era algo que eu percebia que me afetava porque as pessoas queriam que eu substituísse meu pai e eu nunca aceitei. Me diziam para chamar meu avô de pai, mas eu sempre entendi que meu avô era vô e meu pai era pai. Não tinha porque mudar isso...
Mesmo que ele estivesse indo embora, ele ainda era o meu pai, minha figura paterna, então eu não tinha problema em entender que o cara que foi embora era o meu pai.

Na adolescência eu me lembro de querer sempre ser o centro das atenções. Queria ser a mais barulhenta, mais engraçada e mais envolvida em tudo. Acredito que quando a gente está ali, vivendo socialmente, com pessoas que não conhecem a Deus, acabamos tendo alguns "trejeitos" dessas pessoas. Então querer ser a melhor, querer chamar a atenção, falar mais alto que todo mundo, querer controlar a galera, também eram frutos de rejeição que eram evidenciados em mim, mas que quando fui para Jesus, tudo foi curado através da dependência do Senhor e conhecendo a minha identidade.

Linguagem do amor

Creio que todos aqui conhecem o famoso livro: As 5 linguagens do amor, de Gary Champman.

Nesse livro a gente aprende que as pessoas demonstram amor de formas diferentes. E agora quero falar um pouquinho sobre a minha forma de amor para vocês.

Eu sempre fui muito faladeira e eu tenho por consequência a minha linguagem do amor como a "verbal". Isso quer dizer que eu demonstro amor e também me sinto amada quando as pessoas conversam comigo, se abre comigo e me ouvem falar.
Essa também é uma demonstração de como muitas vezes podemos nos sentir rejeitados mesmo que as pessoas não estejam nos rejeitando. Como assim?
Por exemplo:
Eu e a minha mãe nunca fomos tão próximas, porque ela trabalhava muito e demonstrava o amor dela com coisas materiais. Ela trabalhava muito por que ela desejava nos dar uma vida confortável. Ela construiu uma casa pra gente, nos dava brinquedos e conforto. Essa era a forma que ela demonstrava que ela nos amava. Mas por muito tempo eu só queria alguém que eu pudesse conversar.
Eu faladeira, minha mãe sempre cansada de trabalhar apenas querendo o silêncio. Eu recebendo presentes, mas querendo atenção.
Eu enchendo a cabeça dela de mil ideias, ela só querendo descanso mental.

E eu tive o privilégio de ter tios e tias jovens e solteiros quando eu nasci. Eles levavam sempre eu e o meu irmão para viajar, e minha mãe aproveitava o tempo sozinha para trabalhar mais.

Ela focava mais dias, mas nós, em viagem, sentíamos que ela não se importava com a gente.

Na adolescência, quando eu voltava de viagem, eu já não me importava mais em contar as novidades, porque eu achava que ela não se importava.

Eu não queria mais falar com a minha mãe porque em algumas vezes eu tinha me sentido rejeitada.

Na viagem as vezes eu já tinha ficado 3 ou 7 dias sem falar com ela. Então quando eu chegava em casa dessa viagem eu já não queria falar com ela pois eu já tinha me sentido largada por ela não ter me telefonado enquanto eu estava fora. Mas na verdade ela tinha usado todo o tempo que eu estava viajando para aproveitar ir trabalhar ainda mais e me dar ainda mais conforto.

Mas crianças e adolescentes não entendem muito bem a linguagem dos presentes, porque conseguimos esquecer com muita rapidez as coisas materiais.

Com esse exemplo quero mostrar que muita das vezes as pessoas tentaram demonstrar o amor delas de uma forma diferente, eles tentaram demonstrar talvez esse amor em uma linguagem que você não entendeu. Em uma linguagem de cuidado, em uma linguagem diferente da sua, mas você não se sentiu amada. E não se sentir amado por uma pessoa que você ama nos traz sim mais um vestígio de rejeição na nossa vida, mesmo que tenha sido sem intenção.

Mas agora pensando na suas reações: será que as pessoas que você convive se sentem amadas por você? Ou será que elas também são essas crianças procurando um tipo de afinidade com você, e você está entregando algo que não é compatível ao que elas esperam. É muito fácil nos colocar no centro de tudo sem olhar o lado do outro, pois nos conhecemos, amamos a nós mesmos, e entendemos o que sentimos na maioria das vezes, mas será que a minha mãe, se tivesse a linguagem do amor como presença física, será que ela também não se sentiria abandonada por eu estar viajando tanto?

Deixo essa reflexão para que a gente entenda que não somos apenas nós que sentimos a dor. Todas as pessoas que não entendem a forma do outro nos amar estão propícias a sentir a mesma rejeição que você também sente, a mesma dor e a mesma ausência de carinho e cuidado.

Reflita sobre isso!

Uma explosão de sentimentos

Na adolescência, eu tinha uma rotina bem assídua no dentista. Eu sempre tive muitos tártaros e minha dentista falava que isso não era normal, uma adolescente de 15 anos ter essa quantidade de tártaro, era estresse.

Eu sempre fui muito estressada desde muito nova, desse estresse veio a ansiedade, depois de alguns traumas veio a ansiedade alérgica, que coçava o meu corpo todo quando eu ficava muito nervosa e, depois disso, veio a síndrome do pânico, que ocorreu umas duas ou três vezes, e eu achava que infartar.

Então, aos 32 anos, descobri que eu tinha TDAH-
Transtorno de Déficit de Atenção e Hiperatividade, tudo
isso melhorou, porque foi uma descoberta sobre a minha
identidade e eu consegui me entender e ajudar a mim
mesma. Descobri que eu não era uma pessoa rápida,
porém por tentar ser mais rápida e acompanhar a
velocidade dos outros, eu sofria com a ansiedade e o
estresse. Tive transtorno alimentar por algumas vezes e
entendi que minha rejeição sofrida, por muitas vezes,
eram reações de pessoas que não sabiam lidar com o
meu transtorno e minha intensidade. E tá tudo bem...

Minha intensidade me levou a tentar qualquer coisa para
permanecer a qualquer custo na vida das pessoas.
Eu não queria mais ser rejeitada, então eu me adaptava e
fazia qualquer coisa para que não se afastassem de mim.
Hoje, olhando para trás vejo que a rejeição formou em
mim uma pessoa que além de aceitar qualquer situação
para ser amada, ainda fazia de tudo para que as pessoas
simplesmente ficassem e me aceitassem ali.

Eu me tornei a pessoa que ele comprava os outros, ou
com sexo, ou com bens materiais. A minha vontade era
que simplesmente as pessoas ficassem comigo e me
fizessem companhia. Aquela companhia que eu sempre
busquei na minha infância, adolescência e fase adulta,
que imperceptivelmente eram reações a rejeição que eu
passei. Eu não sabia que a forma que eu me comportava
era porque eu não queria que as pessoas fossem embora.
Na minha cabeça eu era a "gata liberal" e as pessoas
queriam ficar porque eu era muito legal e muito atraente.
Mas na maioria das vezes as pessoas estavam se

aproveitando daquilo tudo que eu estava querendo entregar sem que eles tivessem nenhum tipo de esforço. Então eu acabei me deixando levar por essas atitudes e mantendo perto de mim as pessoas com diversos tipos de interesses diferentes. Eu não sabia quem era sincero ou não comigo. Eu só queria ser aceita. Eu só queria que as pessoas gostassem de mim.

Esse era o meu motivo de viver. Eu era engraçada pra que eu pudesse fazer os outros rirem pra que eles estando rindo, eles ficassem. Eu era liberal sexualmente porque eu sendo desta forma os homens iam aceitar ficar comigo porque eu não me importava se eles estavam com outra ou só podiam ficar comigo em determinados horários. Eu não me importava se ninguém me assumiria ou não queria andar comigo em público, desde que em algum momento a minha necessidade de comprometimento comigo ou com o meu corpo fosse suprida. Eu era alguém que vivia de migalhas e chamava isso de estilo de vida.

Eu também bebia muito para conseguir ficar ainda mais esperta, engraçada, entusiasta, sexy e atraente. A bebida foi o meu refúgio por muito tempo pra que eu pudesse me expressar melhor e aguentar estar em ambientes que às vezes eu nem gostava, mas acabava frequentando para não ficar sozinha.

Como eu ainda não sabia do meu TDAH, a bebida era um auxílio em alguns sintomas que eu não conseguia dominar. Era como um remédio para minha necessidade.

Aqui vemos como o inimigo consegue entrar em mais uma brecha que eu dei. Ele vem e se apresenta como resposta e auxílio nos nossos momentos de necessidade. A bebida me ajudava a relaxar e a concentrar melhor os meus pensamentos. Tudo que eu fazia bêbada, eu fazia melhor, pois o álcool dosava a minha hiperatividade na medida certa e deixava minha atenção em alerta, então eu conseguia me desenvolver melhor quando estava alcoolizada.

Para agradar minha amigas e frequentar os lugares que elas iam, até as minhas roupas eram totalmente voltadas ao estilo que as companhias e os ambientes determinavam pra mim. Eu sempre gostei de rock, mas não tinha muitos amigos desta tribo, então como eu andava com vários tipos de pessoas em vários tipos de gostos e tribos, eu me adaptava cada uma delas na minha forma de agir, nas músicas que eu ouvia, e também na minha forma de me vestir. Eu tinha que me adequar a todo tipo de ambiente para que eu fosse aceita e não abandonada.

Eu gostava de bandas barulhentas, cultura japonesa, cabelos diferentes, all star preto de cano longo, moto e jaqueta de couro. Enquanto as meninas que eu andava, na maioria das vezes, estavam de vestido colado "tubinho" e bota country. Esse também era um estilo que eu até gostava, mas que na maioria das noites, eu tinha que usar sem querer pra que eu pudesse entrar na balada que tinha esse tipo de dress code, mas principalmente, entrar em uma área social que eu gostaria de ser aceita.

Lidando com términos

Eu não tive muitos namorados. Na verdade, ninguém nunca me levou muito a sério porque essa era a impressão que eu dava.

Eu estava sempre sendo sonhadora pensando e falando sobre largar tudo e sair do país. Não tinha muito vínculo com nada e nem ninguém. E mesmo tentando manter todos por perto, eu ainda tinha meu jeito livre e sem limites de ser.

Quando voltei para Jesus, consegui namorar por 5 meses com um crentinho que terminou comigo e eu me vi sem chão!

Ele era tudo aquilo que eu sempre tinha idealizado e finalmente conseguido. Eu me senti amada, querida e desejada por uma pessoa que eu sempre quis, por alguém que tinha um perfil da forma que eu gostaria. Quando ele terminou comigo eu não imaginei que isso fosse acontecer porque eu sempre me sentia muito amada por ele, porém ele escolheu caminhos mais estáveis que a minha vida livre podia oferecer.

O meu relacionamento com ele se tornou um troféu porque verdadeiramente ele era o tipo de pessoa que eu sempre quis.

Ele era extremamente bonito, amava a Deus, valorizada e buscava o episcopado, tinha ficado bêbado uma vez na vida e era de boa fama e família. O cara ainda pregava e escrevia.

(Deve ter sido arrebatado né gente hahahahahhha essa espécie não existe mais)

Como já comentei no decorrer do livro, nos que sofremos com rejeição, temos a tendência de estar sempre abaixo da média.

Mas com Jesus eu me conheci e curei e entendi meu valor. Consegui então conquistar alguém com um valor equivalente ao meu e ao que eu buscava, e não alguém abaixo da média. Então estar com ele e ser amada por ele, essa pessoa tão especial, me fez chegar no ponto alto de um ego talvez normal para qualquer outra pessoa, porém para mim com histórico de rejeição, era como se realmente eu tivesse ganhado o planeta terra inteiro. Quando ele terminou comigo foi muito difícil e a minha reação, mesmo acreditando que existiam sim outras pessoas como ele, me fez me fechar para relacionamentos.

Não era falta de fé ou falta de opções, porém a dor de ter perdido me fez fechar completamente o coração pra qualquer tipo de homem que sequer passasse na minha frente. A dor que eu senti no meu término me fez me isolar socialmente e de qualquer ambiente que tivesse o sexo masculino por longos dois anos ou mais.

Para mim começou a ficar mais fácil não me relacionar do que me relacionar por que pensar na dor do término me fazia sofrer muito mais.

Me transformei na mulher forte que não precisa de nada para ser feliz, mas que na verdade, não deixava ninguém entrar para não ser ferida.

No mundo, eu nunca namorei sério porque eu nunca levava nada a sério ou nunca me dei o valor suficiente. Não achava que alguém quisesse colocar uma aliança no meu dedo e me levar para passar a eternidade com ele. Involuntariamente eu aceitava qualquer tipo de relacionamento porque eu não conhecia o meu verdadeiro valor. Meus "namoros" eram com: o amigo que podia ficar com outras pessoas desde que não desconsiderasse o meu contato, se tinha outras pessoas, o cara que ficava comigo o horário que ele queria quando ele bem entendesse, o cara que pegava dinheiro emprestado e nunca mais pagava porque eu simplesmente não queria que ele fosse embora. Acho que o pior de todos foi um relacionamento que eu tive no navio onde ele tinha uma namorada no fora do navio e ficava comigo. Porém depois de um tempo ele viu que era tão fácil manter a relação comigo que ele começou a namorar uma outra menina do navio, me levando a ficar em terceiro lugar esperando pela disponibilidade dele para que eu pudesse sair com ele. Quando eu me vi nessa situação decidi me libertar e arrumar outro namorado tinha um cara que eu achava muito legal e sempre que sair com ele e decidi dar uma chance.

No dia seguinte em que eu saí com esse cara legal que já tinha me cortejado, me dado presente, conversado comigo e eu realmente acredito que sentiu algo por mim, mas esse meu "relacionamento" em que eu era o terceiro lugar descobriu e me disse que se eu ficasse com qualquer outra pessoa, ele não iria mais ficar comigo. Ou seja, ele podia ter três namoradas, mas eu não poderia ter mais ninguém. E eu aceitei aquela situação porque foi ele que demonstrou aquilo que eu não tinha. Ele demonstrou interesse e preocupação. Ele foi atrás de mim, foi tirar satisfação do sobre uma pessoa que eu saí e acabei aceitando ficar nessa situação por mais um tempo e não conseguia terminar de jeito nenhum pois eu não conseguia nem imaginar ser rejeitada por ele e nem ficar sem ele.

Eu só não me relacionava com pessoas casadas. Eu já tinha conhecido Jesus aos meus 11 anos e entendia o valor do matrimônio.

Mas nessa fase, eu já não respeitava a mim mesma. Já me tratava como se eu não tivesse mais valor.

Na verdade, eu não conhecia o meu valor. Então eu não sabia usá-lo.

Eu aprendi a dizer não

Quando eu me batizei, foi um divisor de águas pra mim, literalmente.

Eu tinha muitos amigos de todas as tribos, raças, idades, gostos e lugares. Mas quando eu decidi dizer sim para o Senhor e consequentemente não para muitas coisas, o meu NÃO começou a ferir quem queria que eu ficasse no mesmo lugar. Eu nunca tinha dito "não" antes. Eu nunca tinha expressado a minha opinião e nunca tinha dito para uma amiga que eu não ia na festa de aniversário dela porque eu não ia me sentir bem naquele ambiente. Eu comecei a incomodar e ferir pessoas que estavam acostumadas a receber de mim um outro tipo de comportamento, aquela que fazia o que todo mundo queria.

Antes eu levava comigo as dores da rejeição, que se transformavam em praticamente um pedido de perdão à humanidade por eu ser eu mesma.

Eu me sujeitava a fazer qualquer coisa pra que aquela pessoa continuasse no meu círculo de amizade.

Se eu gostasse de alguém, pronto, aquela pessoa se tornava um deus da minha vida. Eu era do tipo que agradava de presentes a viagens. De cartas de demonstrações de afeto a fazer o que a amiga queria. Qualquer coisa que pudesse me fazer ficar mais perto daquela pessoa. Eu sempre fui capaz de me doar 100%, por completo e com muita intensidade.

Mas como no fundo, eu me sentia rejeitada em alguns grupos, eu acabava trocando de grupo a todo o momento, então eu tinha pelo menos umas 5 "melhores amigas" para conseguir gastar toda a minha energia. Eu andava do roqueiro até o nerd antissocial. Eu sabia conversar com todos eles, me adequar ao ambiente deles e fazer com que eles gostassem de mim porque eu sabia ser uma pessoa agradável em todo tipo de ambiente. Isso desenvolveu em mim qualidades muito boas que eu tenho até hoje. Qualidades de comunicação, desenvolvimento respeito ao próximo empatia e entender os valores e comportamentos dos outros. Esse tipo de atitude de mudar de tribos e respeita-las me fez entender e gostar de um mundo eclético e multicultural.

Eu entendo que, por conta do TDAH, eu era uma criança diferente e agitada. Nem sempre prestava atenção, nem sempre entendia as coisas que me falavam e tinha dificuldades extremas em coisas super simples. Muitas amigas na minha infância me ensinaram a me comportar melhor, fazer coisas que eu não sabia e explicavam o que eu não entendia. Porém outros, se aproveitaram de mim o máximo que podiam, e eu sempre achava que eu tinha entendido errado, e a pessoa não tinha agido na má intensão.

Eu vejo algumas fotos minhas em em festas que eu estava linda, porém tenho sentimentos de angústia quando olho, porque na verdade eu não estava me sentindo eu mesma. Estava bonita, mas sem personalidade. Eu não gostava daquela roupa e eu queria ter me vestido de outra maneira, mas acabava sempre concordando com as minhas amigas.

Eu me lembro de uma vez aqui em Londres que eu fui em uma festa num rooftop. Era uma festa vip e as meninas queriam ir vestidas com roupa de balada para chamar atenção. Porém eu queria ir num estilo mais alternativo que tinha mais a ver com o ambiente e com o horário da festa. Eu vesti um short rasgado, uma camiseta preta e uma camisa vermelha de flanela aberta por cima de tudo. No pé, um tênis. Estava pronta para uma festa num fim de tarde de primavera em um rooftop. Eu estava me sentindo maravilhosa, no meu estilo, na minha identidade, e dentro do tema que do lugar que nós estávamos indo. Minhas amigas, porém, por terem ganhado vip e terem gostos completamente diferentes dos meus me fizeram trocar de roupa. Eu coloquei um vestido emprestado de uma amiga. Ele era dourado, colado no meu corpo e bem curto. Para acompanhar, usei um salto alto gigante e desconfortável, porque não era meu. Eu estava extremamente maravilhosa, porém totalmente diferente da identidade que eu tinha dentro de mim é totalmente fora da vibe da festa. Chegando naquele lugar, com várias pessoas alternativas (como eu queria estar), nós fomos pra mesa onde estava a nossa anfitriã. Ela estava vestida exatamente com a roupa que eu queria ter vestido. Ela estava na "vibe europeia de verão", estava com a camisa de flanela aberta, short e o tênis que eu queria estar. Naquele dia eu estava assim maravilhosa, porém me achando totalmente fora da minha essência identidade. Eu não queria parecer uma menina brasileira "modelo vip" que é convidada só para chamar atenção. Eu queria me sentir a menina imigrante multicultural que estava na festa para se divertir e não para seduzir e beber de graça. A minha festa era estar naquele lugar e curtir a vida daquele lugar. Porém a festa das minhas amigas era seduzir quem ia pagar bebida pra elas. Objetivos diferentes, roupas diferentes.

Jesus estava sempre comigo, me livrando de problemas e consolando meu coração. Mas eu ainda estava presa as migalhas que o mundo me dava. Eu não sabia que a minha vida ia ser tão melhor quando me entregasse por inteiro para Cristo.

Hoje eu vivo sim, a verdadeira liberdade de ser eu mesma e expressar no que eu visto a minha identidade. O Senhor me mostrou que Ele sempre esteve comigo e sempre se importou com as minhas mágoas e pensamentos. Ele se importa sim com o que você veste, com quem você anda e para onde vai. Ele me curou da necessidade de agradar todo mundo em várias áreas da minha vida.

Na verdade, nos só conseguimos dizer não quando não temos mais medo de perder, mas só perdemos o medo de perder quando entendemos o nosso verdadeiro valor. Entender o amor de Deus depende de nós deixarmos que Ele mesmo demonstre. Às vezes somos tão "independentes" que não deixamos Deus cuidar de nós e nos amar.

Mudar nosso pensamento e nosso senso de recompensa nos faz entender que não somos dependentes dos outros, mas de Deus, e se Ele nos ama, pra que mendigar o amor de alguém?

Dizer NÃO me fez conseguir filtrar essas pessoas que se aproveitavam da minha boa vontade.

O NÃO tem o poder de separar quem ama ou não você de verdade. Pode não ter o resultado que esperamos, mas com certeza tem o impacto que precisamos para a maturidade.

O não me fez perder amigos que eu achava que nunca iriam embora, mas lá na frente eu entendi que foi o melhor.

Algumas pessoas passarão pela nossa vida para nos ensinar durante uma pequena jornada. Assim como o pai de José o atrapalharia chegar em seu destino se ficasse em sua vida, muitos relacionamentos nos limitariam chegar onde o Senhor preparou para nós.

choque de realidade

Mesmo com algumas situações que eu tinha consciência de estar vivendo, para mim, eu não tinha em mim nenhum fruto da rejeição.

Quando eu voltei para a presença de Deus e entreguei as minhas carências, minha necessidades, meu passado, meu presente e meu futuro para o Senhor, então não enxergava tinha traços de alguém que foi rejeitada. De repente, Deus começou a falar comigo sobre esse assunto e eu não entendia o porquê.

Como assim rejeição? Eu não me comporto como uma menina que quer chamar atenção, eu não tenho mais essa necessidade.

Na época que Deus começou a me entregar palavras sobre isso eu já tinha entregado para Ele diversas vezes coisas que poderiam beneficiar o meu próprio ego.

Entreguei inclusive a minha agência Hello Girls, onde eu ensinava e fazia eventos para influenciadoras digitais.

Desde que vim para Londres, eu andava nesse meio das

blogueiras, saía em revistas aqui em Londres, mas abri mão dessas coisas, de um instagram cheio de seguidores e do Instagram da Hello Girls também.

Então quando Deus começou a falar comigo, eu achei muito estranho, pois não conseguia enxergar que, até aqueles dias, ainda levava traços de uma menina rejeitada.

Foi então que Ele começou a me mostrar situações e sentimentos no meu coração. Deus começou a me acordar de madrugada e me pedir para fazer listas de coisas que aconteceram comigo por me sentir rejeitada. Comecei a lembrar de fatos da infância, quando eu era xingada, por não conseguir focar, fazer lição de casa, por ser muito falante e por não conseguir ser uma menininha comportada e quietinha. As pessoas me mandavam fazer alguma coisa e eu não entendia. Tentava diversas vezes, mas ainda assim, fazia errado, então eu sempre começava a chorar porque não compreendia aquela informação. Era sempre chamada de burra, desatenta e preguiçosa. Esses eram os nomes que eu tinha o costume de ouvir, por conta do meu TDAH.

Depois que descobri sobre o déficit de atenção e hiperatividade, muitas coisas da minha vida melhoraram, inclusive a minha ansiedade, pois durante a minha vida toda desenvolvi uma ansiedade e um estresse que na verdade era apenas uma necessidade inconsciente de viver na velocidade das pessoas, e não na minha.

Então nessas experiências noturnas, eu comecei a ser acordada pelo Senhor, me mostrando coisas que tinham acontecido na minha vida por conta da rejeição até que comecei a listar também as consequências boas que tive através do de tudo isso.

Foi no dia 2 de janeiro de 2022 que eu comecei a viver esse processo. Aconteceu rapidamente e claramente. O próprio Deus revelou o meu coração para mim, o que eu não conhecia, o que eu não lembrava é porque eu deveria ser grata por ter vivido uma história diferente. Eu tive o privilégio de ser ministrada todas as noites pelo próprio Deus em meu quarto, as sós e sem holofotes.

Eu fiz uma lista chamada "O que a rejeição gerou em mim", e quero compartilhar para vocês, algumas dessas verdades:

O que a rejeição gerou em mim:

- Facilidade de fazer novos amigos e de me comunicar.

Quando eu me sentia rejeitada por algumas pessoas de um grupo, eu migrava para outro ambiente. Isso me fez desenvolver a minha comunicação e interesse nas pessoas.

- Facilidade de me adaptar em diferentes ambientes e grupos.

Ao começar a frequentar um ambiente diferente, eu tinha que me familiarizar com a nova cultura e ainda me fazer interessante para que eu pudesse permanecer. Isso me fez explorar culturalmente diversas realidades.

- Dificuldade de me relacionar amorosamente com uma pessoa.

Eu tinha dificuldade de questionar as intenções da pessoa que eu estava. Achava que se eu cobrasse por um status de relacionamento, a pessoa ia me deixar, então eu sofria por ser liberal demais.

☐ Vontade de ser a melhor.

Mesmo sendo uma reação orgulhosa, na medida certa eu aprendi a estar sempre acima da média, me cobrando exercer tudo que eu fazia com excelência.

☐ Um olhar às necessidades e um coração acolhedor.

Eu sempre tive olhos para quem ninguém via! No meu coração existe uma chama que não gosta de ver ninguém sendo excluído e rejeitado por ser diferente.

Com quais resultados você se identifica?

Capítulo 5
A minha desconstrução

Quando o Senhor nos encontra vivendo consequências de uma dor que foi gerada em momentos de pecado, em momentos que não estávamos em comunhão com Jesus, Ele nos leva a um processo de desconstrução.
É como se nós fôssemos um prédio construído de uma maneira errada, que geralmente a sociedade diz ser certa. Então temos que ser demolidos e reconstruídos a partir da vontade de Deus e da visão que o Senhor tem para nós.
Não é fácil ser desconstruído, pois muitas vezes nós consolidamos nossas crenças e costumes tão bem e de uma forma tão errada, que a desconstrução demora mais tempo porque temos dificuldade de transformar alguns hábitos ruins em bons para que possamos viver a plena vontade de Deus.

Romanos 12:2

Não se amoldem ao padrão deste mundo, mas transformem-se pela renovação da sua mente, para que sejam capazes de experimentar e comprovar a boa, agradável e perfeita vontade de Deus.

Para quem acabou de conhecer Jesus, o evangelho aparentemente fere, pois começamos a entender que tudo aquilo que somos e acreditamos é uma mentira e que devemos destruir aquilo que demoramos anos para construir.

Passamos a sentir pela dor da cura, pois nossas feridas necessitam ser limpas, antes que a pele possa ser reconstruída. Limpar feridas do passado dói, pois temos que relembrar e reviver momentos que nos fizeram sofrer.

Nesse processo descobrimos que os nossos sonhos, nossos desejos e toda a estrutura que montamos para nossa vida foram construídos em um alicerce totalmente instável e inseguro de habitar. É como o homem que constrói a sua casa sobre a areia e o homem que constrói a sua casa sobre a rocha.

Mateus 7

24 Portanto, quem ouve estas minhas palavras e as pratica é como um homem prudente que construiu a sua casa sobre a rocha.

25 Caiu a chuva, transbordaram os rios, sopraram os ventos e deram contra aquela casa, e ela não caiu, porque tinha seus alicerces na rocha.

26 Mas quem ouve estas minhas palavras e não as pratica é como um insensato que construiu a sua casa sobre a areia.

27 Caiu a chuva, transbordaram os rios, sopraram os ventos e deram contra aquela casa, e ela caiu. E foi grande a sua queda.

Um homem que construiu sobre areia geralmente dedica toda sua vida construindo algo num sonho que não é forte. Suas crenças não são fiéis e não te levam a uma firmeza na sua vida. A primeira enxurrada ou batalha que temos, aquilo que construímos é levado ao chão. Nem sempre percebemos que a nossa segurança e nossas emoções estão construídas em cima de areia porque a tempestade ainda não veio, batalha não aconteceu ainda. Então nós acreditamos fielmente de que estamos no caminho certo de que estamos firmes sobre a rocha. Às vezes nos dizem os cristão e pensamos conhecer o Senhor, mas não sabemos quem Ele é. Somos como as pessoas que passam anos frequentando os cultos e missas, mas ainda não perceberam que algumas áreas da sua vida ainda precisam ser desconstruídas, limpas e reconstruídas, porque o alicerce daquela área não está consolidada na rocha.
Mas quando estamos firmes no Senhor, os ventos sopram e a chuva cai com força, mas nossa esperança, nossas emoções e fé continuam firmes no alicerce, que é Jesus. Quando passamos pelas tempestades sem desabar, podemos ter certeza que já estamos sobre esta rocha inabalável, Jesus.

Como disse antes, eu não me via como uma pessoa com as emoções desequilibradas. Eu imaginava que minha rejeição não tinha afetado a minha estrutura e achava que minhas raízes estavam consolidadas e limpas de todo sentimento inflamado.

Quando Deus começou a falar comigo sobre rejeição, ele me mostrava árvores e suas raízes e me dizia que antes dos meus frutos aparecerem fortes, minhas raízes tinham que ser curadas por completo para que nenhum dos meus frutos viesse a nascer defeituoso ou apodrecido.

O processo de desconstrução é voltar a origem, a raiz, ao a alicerce e analisar o erro, corrigi-lo para que depois possamos seguir sem que uma pequena fissura venha afetar toda nossa futura obra.

Eu não me via debilitada nas minhas emoções, eu não me via com sinais de alguém que chama por atenção e chora por amor dos outros. Então por eu não ver atitudes escancaradas e aparentes, eu achava que a minha alma restituída é resolvida com toda a rejeição que eu tinha passado. Eu pensava ter superado e deixado para trás os velhos pensamentos, comportamentos e reações da minha velha vida. Não sabemos que ainda sentimos o que sentimos até que nosso coração seja revelado a nós mesmos para que comece o processo de cura.

Eu ainda aceitava muito pouco, migalhas, desamor, abandono e me deixava ser usada para que algumas pessoas que eu valorizava continuassem na minha vida. Percebi que abusos em relacionamentos, no trabalho e amizades continuavam acontecendo e Deus me mostrava que aquilo tudo era base de um alicerce da minha emoção que ainda estava na areia.

Eu ainda estava vivendo a minha vida da maneira que eu aprendi a viver para sobreviver a uma dor constante que eu não queria sentir.

Por muitas vezes o Senhor permitiu que pessoas de me enganar, me frustrar e até me roubar para que eu visse o quanto elas ainda estavam sendo aproveitadoras de uma menina que ainda fazia de tudo para ser aceita.

Quando eu me vi sendo caluniada, traída e enganada por pessoas que eu amava eu percebi que existia um ciclo que eu ainda precisava fechar, uma raiz que precisava ser cortada e curada para que não se alastrasse em todos os relacionamentos atuais e futuros da minha vida.

Eu ainda estava aceitando do outro as migalhas que eu não deveria mais aceitar desde o momento que eu disse sim para o eterno Deus.

Eu achava que eu tinha vencido a tentação de dizer SIM pra tudo, apenas pelo motivo de eu conseguir dizer NÃO para o pecado, porém a minha convivência com as pessoas mostrava o quanto eu ainda aceitava migalhas que as pessoas me davam só para eu não incomodar.

Nesse mesmo ano que o Senhor falou comigo sobre rejeição, foi o mesmo ano que eu descobri que eu tinha um transtorno de déficit de atenção hiperatividade TDAH, o que me fez entender muitas coisas da minha infância.

Quando eu era criança, na maioria das vezes eu não entendia comandos simples como: "va na padaria e compre cinco pães", "vai no quintal e abre o portão para o carro entrar", "busque a chave que está embaixo do tapete, na frente da porta".

Pra mim era muito difícil, antes de chegar lá eu não lembrava se era portão, chave, travesseiro ou cachorro. Andava pela rua tentando decorar quantos pães era para comprar e mesmo assim, sempre acabava esquecendo no meio do caminho pela simples distração de ter que atravessar a rua.

Porém Deus colocou ao meu lado meu irmão mais velho que era o nosso pequeno gênio.

Ele era inteligente e se destacava na sala de aula desde criança, e por ele me ajudar em TUDO, meus sintomas também eram mascarados. Até hoje eu ligo pra ele me ajudar em alguma coisa...

As atitudes que uma criança tem ao tentar "camuflar" as deficiências do TDAH são exatamente as atitudes que eu tive na minha vida inteira sem entender o porque, e esse "disfarce" que eu criei sobre algumas atitudes minhas foi o que dificultou minha família e professores enxergarem o meu diagnóstico.

Eu realmente era uma pessoa um pouco mais difícil de lidar por ser muito reativa e emotiva. Uma criança extremamente hiperativa, falante, criativa e que demandava atenção de muita gente a todo tempo. Mas isso também impulsionou a minha família a me incentivar a praticar diversas atividades e cursos para "gastar" minha energia sem fim.

Descobrir o transtorno pra mim foi uma das minhas maiores liberdades que eu podia viver. Receber um diagnóstico nos facilita a entender nossas emoções, dificuldades e nos ajudar. Somos levados ao caminho da adaptação, vitaminas e técnicas de como viver melhor com o transtorno.

O diagnóstico me fez entender que eu era sim uma pessoa diferente da maioria das pessoas, e essa sempre tinha sido minha maior dúvida sobre mim mesma porque eu sempre fui vista como a menina que vivia "no mundo da lua" e a mais diferente de todas as turmas que já passei.

Quando analisei minha fase adulta, consegui perceber dificuldades que não eram apenas de uma menina agitada e faladora, mas de uma mulher adulta que ainda estava tentando vencer barreiras simples com muita dificuldade. Eu continuava me perdendo na rua, mesmo morando no mesmo endereço. Continuava perdendo acesso de e-mails, sites, bancos e processos burocráticos importantes. Tinha muita dificuldade em fazer coisas simples da vida como falar no telefone e fazer o mercado ao mesmo tempo, dificuldade de conversar se estivesse tocando uma música, sensibilidade auditiva e sensorial, hiperfoco em coisas que eu estava super interessada e muita distração nas obrigações do cotidiano.
Pra mim todas as pessoas eram iguais e tinham dificuldades, mas eu não imaginava que a minha era um pouco além do que a das outras pessoas que eu conhecia no dia dia.

Receber meu diagnóstico aos 31 anos foi revelador e me fez entender muitas coisas que eu não compreendia antes. Eu sempre achei que eu era diferente e tentava me adaptar, mas quando eu me descobri diferente eu senti liberdade de ser quem eu sempre fui. Eu não precisava mais me adaptar!

Gálatas 5:1
Foi para a liberdade que Cristo nos libertou! Portanto, permanecei firmes e não vos sujeiteis outra vez a um jugo de escravidão.

Eu verdadeiramente sou uma pessoa atípica e isso me trás paz, pois hoje sei meus limites e dificuldades e é ótimo entender sobre si mesma para poder melhorar da melhor forma possível. Não pelo outro, não na velocidade do outro, mas por si mesma.

Analisando então a minha vida atípica e a minha rejeição, consigo entender porque eu tentava com tanta dedicação ser aceita. Eu era realmente a pessoa mais diferente de todos os grupos. Eu era o patinho feio que me achava esquisita no meio das pessoas "normais", mas que apenas aos 31 anos, descobri ser um cisne.

Talvez por essa necessidade de ter aprovação ou de que alguém goste da gente nós acabamos cedendo um pouco mais pra ser aceitos e acabamos caindo na armadilha dos abusadores. Mas não apenas abusadores, mas também, como eu citei antes, amigos aproveitadores e controladores. Mesmo que não haja agressão, isso também é abuso, mesmo que não seja de um relacionamento amoroso, também é um tipo de manipulação.

Mas quero deixar claro que não são apenas pessoas atípicas que sofrem com a rejeição. Ela pode vir de um abandono na infância, de um relacionamento abusivo, de um problema na fala, timidez, comorbidade física, complexo, idioma e qualquer outra coisa que faça a pessoa se sentir diferente ou excluída.
Dentro das nossas dificuldades e necessidades, quem entra para nos destruir é o próprio satanás, que usa

pessoas como seus instrumentos para nos machucar, usar e denegrir.

O trabalho de satanás é nos fazer pensar que não temos valor e que Deus não nos ama. Através da nossa dor, ele vem nos contando mentiras, lançando setas e situações para que fiquemos ainda piores.

Mas eu quero que entenda e desconstrua alguns pensamentos e conceitos que você tem de coisas que já passou.

Se você foi abusada e satanás disse que você não tem valor, entenda com racionalidade: O Senhor Deus estava lá! Ele te protegeu para que você não morresse e não tivesse consequências piores.

Quando você sofreu um acidente e pensou que poderia não ter passado por aquilo, na verdade o acidente estava te livrando de um resultado pior se continuasse a jornada.

Quando você foi abandonada ou traída e satanás te disse que ninguém nunca vai te amar, na verdade Deus estava retirando da sua vida algo impuro para te apresentar o amor simples e genuíno que Ele tem por você.

Nós devemos desconstruir pensamentos que "entendemos" de forma equivocada ao longo dos anos. A rejeição que passamos pode ter sido ruim, mas estava sempre nos protegendo de consequências que provavelmente você não conseguiria suportar viver hoje, ou não estaria viva para contar.

Ele sempre esteve com você, te livrando e ajudando a suportar cada fase ruim da sua vida.

Agradeça as fases ruins que te protegeram de fases que você não iria suportar e aceite receber hoje o amor que

Deus está tentando te dar, mas por uma mentalidade distorcida, você não consegue entender.
Ore aceitando o amor de Deus. Ore agradecendo por tudo que Ele te livrou.

Isaías 53: 4-5

4 Verdadeiramente ele tomou sobre si as nossas enfermidades, e as nossas dores levou sobre si; e nós o reputávamos por aflito, ferido de Deus, e oprimido.

5 Mas ele foi ferido por causa das nossas transgressões, e moído por causa das nossas iniqüidades; o castigo que nos traz a paz estava sobre ele, e pelas suas pisaduras fomos sarados.

Capítulo 6
Rejeitados por Deus

Desesperados por resultados

Voltando um pouco para as histórias da Bíblia, encontramos no livro dos de João a história de um paralítico que ficava no no tanque de Betesda.
Nesse tanque, acreditava- se que aconteciam milagres feitos por anjos que sacudiam a água.
Ele viveu paralítico por 38 anos e era judeu, o que causa estranheza no fato dele estar no tanque esperando por um milagre místico.

Provavelmente, este judeu, em um momento de desespero, foi para o tanque porque já tinha desistido de crer e esperar por um possível milagre do Senhor. Ele tinha parado de acreditar no favor de Deus e foi acreditar em misticismo. A história dele diz que ele ficava no tanque esperando por uma mágica que acontecia dentro da água.

João 5: 1-15

1 Depois disso, havia uma festa entre os judeus, e Jesus subiu a Jerusalém.
2 Ora, em Jerusalém há, próximo à Porta das Ovelhas, um tanque, chamado em hebreu Betesda, o qual tem cinco alpendres.
3 Nestes jazia grande multidão de enfermos: cegos, coxos e paralíticos, esperando o movimento das águas. 4 Porquanto um anjo descia em certo tempo ao tanque e agitava a água; e o primeiro que ali descia, depois do movimento da água, sarava de qualquer enfermidade que tivesse.
5 E estava ali um homem que, havia trinta e oito anos, se achava enfermo. 6 E Jesus, vendo este deitado e sabendo que estava neste estado havia muito tempo, disse-lhe: Queres ficar são?
7 O enfermo respondeu-lhe: Senhor, não tenho homem algum que, quando a água é agitada, me coloque no tanque; mas, enquanto eu vou, desce outro antes de mim.
8 Jesus disse-lhe: Levanta-te, toma tua cama e anda.
9 Logo, aquele homem ficou são, e tomou a sua cama, e partiu. E aquele dia era sábado.

10 Então, os judeus disseram àquele que tinha sido curado: É sábado, não te é lícito levar a cama.
11 Ele respondeu-lhes: Aquele que me curou, ele próprio disse: Toma a tua cama e anda.
12 Perguntaram-lhe, pois: Quem é o homem que te disse: Toma a tua cama e anda?
13 E o que fora curado não sabia quem era, porque Jesus se havia retirado, em razão de naquele lugar haver grande multidão.
14 Depois, Jesus encontrou-o no templo e disse-lhe: Eis que já estás são; não peques mais, para que te não suceda alguma coisa pior.
15 E aquele homem foi e anunciou aos judeus que Jesus era o que o curara.

Mas e nós?! Quantas vezes, em busca de respostas, aceitamos aquilo que não condiz com a nossa natureza, com o que acreditamos, e até mesmo com aquilo que sempre sonhamos?
Quando perdemos um pouco a esperança, corremos para algo que possa nos dar respostas e soluções imediatas ao nosso problema.
A rejeição faz com que nós perdemos esse senso de esperança e merecimento do favor de Deus e paramos de acreditar que algo vai dar certo nossa vida.
Nós nos sentimos tão mal com os outros e nós mesmos que vamos ao encontro daquilo que muitas vezes criticamos a nossa vida toda, que dissemos a vida toda que nunca iria aceitar ou fazer, mas caímos por falta de fé. O desespero, a angústia e a rejeição nos deixa aceitar menos do que sonhamos e merecemos. O paralítico é um exemplo de nós mesmos:

Filhas, herdeiras, povo escolhido de Deus, mas que já não acredita mais nas promessas e no poder de Deus.

Somos filhas que já passaram por tantas dores que não aguentam mais lutar.

Então para não sermos rejeitadas novamente pela sociedade, começamos a aceitar o que não queremos, o que não pedimos e o que não gostamos.

Aceitamos ser maltratadas, aceitamos ganhar menos, aceitamos chefes que nos tratam mal, aceitamos gritos e ofensas. Tudo isso por medo de perder aquelas migalhas que conquistamos.

Por medo de perder nos tornamos escravos daquilo que se torna nosso novo Deus.

Como escravos passamos a sofrer por aquilo que escolhemos passar só para não ficarmos sozinhos. Escolhemos ficar em relacionamentos abusivos, pois não temos força de lutar por algo melhor. Escolhemos ganhar mal e sermos humilhados, pois não temos mais esperança e nem fé em nós mesmos de que conseguiremos algo melhor. Passamos a acreditar em misticismo, horóscopo, leitura de mãos, adivinhação, jogo do bicho e sorte porque a nossa fé já está tão enfraquecida que vamos para outros meios que não são Deus.

Nos sentimos rejeitados por Deus, porque não aguentamos passar pelos processos que Ele mesmo nos coloca para nos aprimorar.

O Senhor deseja que passemos por momentos de disciplina para nos ensinar e para que o Seu poder se revele em nós, mas por falta de fé, buscamos soluções rápidas as nossas aflições, ao invés de buscar a Deus, orar e jejuar em favor do nosso milagre. Nós voltamos ao poder dos homens e dos astros, porque aguardar o poder de Deus é um caminho muito árduo para nossos sentimentos que já estão em pedaços, e então pecamos por falta de fé, e quando Jesus nos encontra, nós não o reconhecemos mais, pois já estamos corrompidos por um mundo caído e cheio de mentiras e fantasias milagrosas. Cuidado para não se perder no seu sentimento e por pensar que Deus te abandonou, cair em um tanque de esquecimento onde não foi Deus que se esqueceu de você, mas você que se esqueceu de pedir o que precisa para aquele que pode fazer e responder qualquer questão sem fila de espera, técnica ou milagres efetuados por alguém que não seja Ele mesmo.

Cuidado para não cair na necessidade da pressa e pelas suas próprias mãos, receber uma resposta que Deus não te deu, e depois dizer que foi Deus que te deu.

A sensação de não ser amada de Ana

1 Samuel 1

1 Houve um homem de Ramataim-Zofim, da montanha de Efraim, cujo nome era Elcana, filho de Jeroão, filho de Eliú, filho de Toú, filho de Zufe, efrateu.

2 E este tinha duas mulheres: o nome de uma era Ana, e o da outra Penina. E Penina tinha filhos, porém Ana não os tinha.

3 Subia, pois, este homem, da sua cidade, de ano em ano, a adorar e a sacrificar ao Senhor dos Exércitos em

Siló; e estavam ali os sacerdotes do Senhor, Hofni e Finéias, os dois filhos de Eli.

4 E sucedeu que no dia em que Elcana sacrificava, dava ele porções a Penina, sua mulher, e a todos os seus filhos, e a todas as suas filhas.

5 Porém a Ana dava uma parte excelente; porque amava a Ana, embora o Senhor lhe tivesse cerrado a madre.

6 E a sua rival excessivamente a provocava, para a irritar; porque o Senhor lhe tinha cerrado a madre.

7 E assim fazia ele de ano em ano. Sempre que Ana subia à casa do Senhor, a outra a irritava; por isso chorava, e não comia.

8 Então Elcana, seu marido, lhe disse: Ana, por que choras? E por que não comes? E por que está mal o teu coração? Não te sou eu melhor do que dez filhos?

9 Então Ana se levantou, depois que comeram e beberam em Siló; e Eli, sacerdote, estava assentado numa cadeira, junto a um pilar do templo do Senhor.

10 Ela, pois, com amargura de alma, orou ao Senhor, e chorou abundantemente.

11 E fez um voto, dizendo: Senhor dos Exércitos! Se benignamente atentares para a aflição da tua serva, e de mim te lembrares, e da tua serva não te esqueceres, mas à tua serva deres um filho homem, ao Senhor o darei todos os dias da sua vida, e sobre a sua cabeça não passará navalha.

12 E sucedeu que, perseverando ela em orar perante o Senhor, Eli observou a sua boca.

13 Porquanto Ana no seu coração falava; só se moviam os seus lábios, porém não se ouvia a sua voz; pelo que Eli a teve por embriagada.

14 E disse-lhe Eli: Até quando estarás tu embriagada? Aparta de ti o teu vinho.

15 Porém Ana respondeu: Não, senhor meu, eu sou uma mulher atribulada de espírito; nem vinho nem bebida forte tenho bebido; porém tenho derramado a minha alma perante o SENHOR.

16 Não tenhas, pois, a tua serva por filha de Belial; porque da multidão dos meus cuidados e do meu desgosto tenho falado até agora.

17 Então respondeu Eli: Vai em paz; e o Deus de Israel te conceda a petição que lhe fizeste.

18 E disse ela: Ache a tua serva graça aos teus olhos. Assim a mulher foi o seu caminho, e comeu, e o seu semblante já não era triste.

19 E levantaram-se de madrugada, e adoraram perante o Senhor, e voltaram, e chegaram à sua casa, em Ramá, e Elcana conheceu a Ana sua mulher, e o Senhor se lembrou dela.

20 E sucedeu que, passado algum tempo, Ana concebeu, e deu à luz um filho, ao qual chamou Samuel; porque, dizia ela, o tenho pedido ao Senhor.

21 E subiu aquele homem Elcana com toda a sua casa, a oferecer ao Senhor o sacrifício anual e a cumprir o seu voto.

22 Porém Ana não subiu; mas disse a seu marido: Quando o menino for desmamado, então o levarei, para que apareça perante o Senhor, e lá fique para sempre.

23 E Elcana, seu marido, lhe disse: Faze o que bem te parecer aos teus olhos; fica até que o desmames; então somente confirme o Senhor a sua palavra. Assim ficou a mulher, e deu leite a seu filho, até que o desmamou.

24 E, havendo-o desmamado, tomou-o consigo, com três bezerros, e um efa de farinha, e um odre de vinho, e levou-o à casa do Senhor, em Siló, e era o menino ainda muito criança.

25 E degolaram um bezerro, e trouxeram o menino a Eli.

26 E disse ela: Ah, meu senhor, viva a tua alma, meu senhor; eu sou aquela mulher que aqui esteve contigo, para orar ao SENHOR.

27 Por este menino orava eu; e o Senhor atendeu à minha petição, que eu lhe tinha feito.

28 Por isso também ao Senhor eu o entreguei, por todos os dias que viver, pois ao Senhor foi pedido. E adorou ali ao Senhor.

Vemos no começo da história de Ana claramente que ela era mais amada que a outra esposa de seu marido. Ela era mais amada, mais cuidada e protegida, mas mesmo assim se sentia rejeitada.
Por Ana não ter filhos, ela tinha a sensação de ser mal amada. Essa era uma percepção que a sociedade tinha, mas não o que ela realmente vivia.
Naquela época, culturalmente, a sociedade dizia que quem não tinha filhos, não era amada pelo Senhor. E todos acreditavam que se você não tinha filhos era porque Deus te esqueceu.
Mas Ana, por entender que o padrão da sociedade era esse, se entristeceu.
Na verdade, o amor de Deus nunca foi medido pela quantidade de filhos, mas ela não sabia, pois ela não o conhecia ainda. Então Deus usou da situação para produzir nela algo que era necessário para um testemunho grandioso. E também uma necessidade do próprio Deus.

Quando humilhada, foi gerado em Ana uma personalidade humilde. Não sabemos como era seu caráter antes de se casar, mas entendemos pelo que lemos que ela não conseguia se orgulhar por ser mais amada pelo marido, porque pela sociedade, ela tinha uma outra percepção. Como nem as preferências de seu marido por ela lhe chamavam atenção, ela realmente foi redimida a um lugar de humilhação, que provavelmente a levou a ter uma personalidade humilde.

Quando era orou por anos pedindo seu filho, foi gerado nela fé e dependência de total de Deus.

Seres humanos não fazem filhos. Você sabe fabricar criança? Sabe fazer orelha, sabe fazer braço? Não! Nós não escolhemos e nem criamos o que Deus cria. Apenas Ele pode fazer o nada virar tudo, por isso Ana se tornou totalmente dependente de Deus através dessa situação.

Quando Ana orou por um filho e fez um voto com Deus, ela respondeu a necessidade do próprio Deus que precisava de homens comprometidos na sua obra. Ela o promete seu filho, que se torna um grande homem de Deus. A dor de Ana a moveu em oração e fez com que ela gerasse o que o Senhor necessitava.
Quando Ana entregou seu filho no templo, ela foi limpa de qualquer sentimento de idolatria pelo seu filho, que era tão esperado, mas não viveu com ela. Ao invés de ser a mãe super protetora, ela escolheu ser a que ia destinar seu filho a algo maior.

Veja que a história de Ana poderia ter sido comum como a de todas as outras mulheres do seu bairro, mas foi diferente exatamente por ela ter vivido algo que ela pensava ser ruim.
Ela viveu humilhação, chacota, sentimento de rejeição e esquecimento. Sentiu insatisfação, tristeza e solidão. Mas todos esses sentimentos geraram a entrega de seu sonho para um sonho que Deus tinha e era muito maior.
Samuel foi um grande profeta, fiel e temente a Deus. Se sua mãe não tivesse passado por tudo isso, ele seria um menino comum, e ela também.

Quando recebemos uma promessa do Senhor ou precisamos de um milagre, ficamos aflitos...
Muitos de nós conseguimos suportar a angústia da espera glorificando a Deus ainda mais. Nossa confiança não enfraquece e não nos faz blasfemar ou desviar. Mesmo que tristes, estamos firmes. Mesmo que necessitados, temos fé.

O salmo 40 para mim é uma oração de espera e paciência em meio a aflição. Davi estava desesperado e escondido porque estava sendo perseguido, mesmo assim seguiu com paciência ao aguardar pela ajuda do Senhor.
Vamos ler:

Salmos 40

1 Esperei com paciência no SENHOR, e ele se inclinou para mim, e ouviu o meu clamor.

2 Tirou-me dum lago horrível, dum charco de lodo, pôs os meus pés sobre uma rocha, firmou os meus passos.

3 E pôs um novo cântico na minha boca, um hino ao nosso Deus; muitos o verão, e temerão, e confiarão no Senhor.

4 Bem-aventurado o homem que põe no Senhor a sua confiança, e que não respeita os soberbos nem os que se desviam para a mentira.

5 Muitas são, Senhor meu Deus, as maravilhas que tens operado para conosco, e os teus pensamentos não se podem contar diante de ti; se eu os quisera anunciar, e deles falar, são mais do que se podem contar.

6 Sacrifício e oferta não quiseste; os meus ouvidos abriste; holocausto e expiação pelo pecado não reclamaste.

7 Então disse: Eis aqui venho; no rolo do livro de mim está escrito.

8 Deleito-me em fazer a tua vontade, ó Deus meu; sim, a tua lei está dentro do meu coração.

9 Preguei a justiça na grande congregação; eis que não retive os meus lábios, Senhor, tu o sabes.

10 Não escondi a tua justiça dentro do meu coração; apregoei a tua fidelidade e a tua salvação. Não escondi da grande congregação a tua benignidade e a tua verdade.

11 Não retires de mim, Senhor, as tuas misericórdias; guardem-me continuamente a tua benignidade e a tua verdade.

12 Porque males sem número me têm rodeado; as minhas iniqüidades me prenderam de modo que não posso olhar para cima. São mais numerosas do que os cabelos da minha cabeça; assim desfalece o meu coração.

13 Digna-te, Senhor, livrar-me: Senhor, apressa-te em meu auxílio.

14 Sejam à uma confundidos e envergonhados os que buscam a minha vida para destruí-la; tornem atrás e confundam-se os que me querem mal.

15 Desolados sejam em pago da sua afronta os que me dizem: Ah! Ah!

16 Folguem e alegrem-se em ti os que te buscam; digam constantemente os que amam a tua salvação: Magnificado seja o Senhor.

17 Mas eu sou pobre e necessitado; contudo o Senhor cuida de mim. Tu és o meu auxílio e o meu libertador; não te detenhas, ó meu Deus.

Como podemos ver no texto, o que não deixou que Davi se irasse contra Deus foi a sua fé e paciência.
Ele começa o salmo falando sobre paciência e encerra confirmando sua fé de que o Senhor o salvaria.
A certeza que Davi tinha que Deus o salvaria era a convicção por experiência própria. Quando deixamos o Senhor trabalhar nas nossas vidas, temos experiência, e quando temos experiência, nós sabemos que o Senhor está presente e trabalha por nós em todos os momentos, mesmo os ruins. A questão é que nem todos nós conseguimos ter a fé e a paciência de Davi, porque ainda não tivemos experiências. E quando isso nos falta, nos sentimos rejeitados por Deus.

Quando temos um problema que apenas o Senhor pode resolver e a espera nos faz sentir aflições nunca vividas, começamos a nos sentir abandonados, rejeitados, sem amor e sem esperança. A falta de esperança mata a fé e a falta de fé mata a paciência. Para que consigamos continuar caminhando em direção a uma palavra, necessitamos desses elementos sempre andando em conjunto: Esperança, fé e paciência.

Imagine Davi, com promessa de ser rei, porém fugido para a floresta com um exército inimigo tentando o capturar...
Nesses momentos, vem a dúvida e incredulidade naquilo que o Senhor prometeu. É necessário enxergar com os olhos da fé para ver um futuro que para nós parece impossível.

Eu já passei por isso antes:
Receber uma promessa que demora tanto que passamos a duvidar. Mas no próprio Salmo, você vai encontrar o estímulo que fez com que Davi continuasse e não se sentisse abandonado.

Salmos 40:3
"Ele me ensinou a cantar uma nova canção, um hino de louvor ao nosso Deus. Quando virem isso, muitos temerão o Senhor e nele porão a sua confiança."

Uma nova canção

Davi tinha o ofício de pastor de ovelhas e também um dom musical.
Em seu maior momento de aflição, em que lemos no Salmo 40, o Senhor derramou sobre ele um dom de

criatividade para que ele pudesse compor uma nova canção.

Essa criatividade te deu tanta paz e força que fazia com que seus adversários se confundissem, pois esperavam que vissem Davi aflito, e não feliz.

O que aconteceu com Davi nesse episódio de sua vida é o acontece no nosso dia a dia com o Senhor. Sempre que Deus nos dá uma tarefa difícil ou quando a espera gera muita aflição, luto ou dor, podemos observar que Deus nos dá também uma nova canção.

Essa nova canção é como se fosse um copo d'água no meio do deserto. Seria como aprender a fazer bolos para uma mulher que acabou de perder o marido, uma casa nova em um ambiente de paz para quem está esperando por um visto, um reconhecimento público para quem está passando por lutas financeiras ou um livro para quem está passando por batalhas espirituais.

O Senhor sempre nos da novas canções como refrigério de nossa longa caminhada em terrenos áridos e difíceis.

Caminhar com Deus é cheio de surpresas e desafios, mas a falta de intimidade faz que não vemos que Ele tem nos proporcionado além do que nos prometeu ou precisamos e que satanás usa a dor da aflição para pensarmos que fomos abandonados, esquecidos e rejeitados pelo Senhor. Vai de nós escolher em quem acreditar.

Aquilo que Deus ainda não te deu é o que Ele está usando para fortalecer o seu coração e aprimorar o seu caráter.

E aí, Deus mentiu?

Outro fato que acontece quando nos sentimos rejeitados por Deus é quando o Senhor fala algo, mas acontece diferente do que pensamos.

Na história de Abraão, Deus prometeu um filho, cumpriu a promessa e depois pediu que Abraão sacrificasse o filho que Ele mesmo tinha dado.
Imagine as dúvidas no coração do de Abraão, que mesmo confuso, obedeceu.
Deus faz uma promessa, cumpre, mas a pede em sacrifício.
Diferente de Ana, o filho de Abraão não virou profeta, mas sacrifício, assim como um animal no altar.
A confusão do coração de Abraão foi entender: Por que dar, se vai tirar de mim para todo o sempre?
Pra que me dar a maior alegria, para que depois ela viesse a morrer?
Será que Deus mudou de ideia na promessa de futuro pai de multidões? E aí?

Gênesis 22: 1-18

1 Passado algum tempo, Deus pôs Abraão à prova, dizendo-lhe: "Abraão! " Ele respondeu: "Eis-me aqui".

2 Então disse Deus: "Tome seu filho, seu único filho, Isaque, a quem você ama, e vá para a região de Moriá. Sacrifique-o ali como holocausto num dos montes que lhe indicarei".

3 Na manhã seguinte, Abraão levantou-se e preparou o seu jumento. Levou consigo dois de seus servos e Isaque seu filho. Depois de cortar lenha para o holocausto, partiu em direção ao lugar que Deus lhe havia indicado.

4 No terceiro dia de viagem, Abraão olhou e viu o lugar ao longe.

5 Disse ele a seus servos: "Fiquem aqui com o jumento enquanto eu e o rapaz vamos até lá. Depois de adorarmos, voltaremos".

6 Abraão pegou a lenha para o holocausto e a colocou nos ombros de seu filho Isaque, e ele mesmo levou as brasas para o fogo, e a faca. E caminhando os dois juntos,

7 Isaque disse a seu pai Abraão: "Meu pai! " "Sim, meu filho", respondeu Abraão. Isaque perguntou: "As brasas e a lenha estão aqui, mas onde está o cordeiro para o holocausto? "

8 Respondeu Abraão: "Deus mesmo há de prover o cordeiro para o holocausto, meu filho". E os dois continuaram a caminhar juntos.

9 Quando chegaram ao lugar que Deus lhe havia indicado, Abraão construiu um altar e sobre ele arrumou a lenha. Amarrou seu filho Isaque e o colocou sobre o altar, em cima da lenha.

10 Então estendeu a mão e pegou a faca para sacrificar seu filho.

11 Mas o Anjo do Senhor o chamou do céu: "Abraão! Abraão! " "Eis-me aqui", respondeu ele.

12 "Não toque no rapaz", disse o Anjo. "Não lhe faça nada. Agora sei que você teme a Deus, porque não me negou seu filho, o seu único filho. "

13 Abraão ergueu os olhos e viu um carneiro preso pelos chifres num arbusto. Foi lá, pegou-o e sacrificou-o como holocausto em lugar de seu filho.

14 Abraão deu àquele lugar o nome de "O Senhor proverá". Por isso até hoje se diz: "No monte do Senhor se proverá".

15 Pela segunda vez o Anjo do Senhor chamou do céu a Abraão

16 e disse: "Juro por mim mesmo", declara o Senhor, "que por ter feito o que fez, não me negando seu filho, o seu único filho,

17 esteja certo de que o abençoarei e farei seus descendentes tão numerosos como as estrelas do céu e como a areia das praias do mar. Sua descendência conquistará as cidades dos que lhe forem inimigos

18 e, por meio dela, todos povos da terra serão abençoados, porque você me obedeceu".

No desfecho da história, sabemos que foi um teste, uma libertação e uma profecia interligadas ao ato. Mas em nossas vidas, nos momentos que ainda não entendemos o desfecho da história, podemos confundir um processo com um abandono do Senhor. Achamos que merecemos as bençãos, que já aprendemos todas as lições e já sabemos lidar com nossas emoções.

Com certeza Abraão achava que o amor que ele sentia pelo seu filho era normal e não poderia vir idolatria de lá. Ele devia pensar que já estava tudo bem, a promessa tinha sido cumprida e o trabalho de Deus já tinha sido cumprido.

Quando estamos no processo, sempre pensamos: "agora acabou, eu já cheguei onde Deus queria" E dois meses depois descobrimos que era outro degrau e temos ainda que subir mais e mais.

Mas num curto espaço de tempo, em nossa humanidade caída, podemos nos sentir desanimados e exaustos, dando espaço àquele pequeno sentimento de justiça própria, muito perigoso que muitas vezes nos faz achar que estamos com raiva de Deus. A dor nos faz sentir que Ele não se importa mais e que talvez não goste tanto assim de você. Imagino Abraão subindo a montanha com seu filho fazendo várias perguntas em sua mente, mas continuando a seguir sem nenhuma resposta do próprio Deus.

"Eu estou indo fazer algo que eu nem entendo"

Esse é nosso pensamento muitas vezes nos processos. Mas pensamento que nos faz ser submissos por completo a missão que o Senhor tem para nos. Quando entendemos no final, o sentimento de abandono vira testemunho de alguém que não desistiu, mesmo quando tudo parecia ser tão incerto.

Basta a nós mesmos decidirmos se queremos nos sentir mal e com dó de nós mesmos no meio do processo, ou chegar até o final pra entender o que Deus está fazendo dessa vez...

Capítulo 7
Restituição

Você quer devolução ou restituição?

Um dia eu estava orando no metrô enquanto trocava de caminho entre estações, eu estava expressando meu sentimento de revolta sobre ter sido enganada e usada. Comecei a me lembrar de alguns acontecimentos e até de presentes que eu dei porque insistiram e coisas que emprestei, e nunca tive de volta. E também falei de alguém que ajudei, porque eu estava precisando de dinheiro, mas a pessoa nunca me pagou o combinado.

Eu pedi para Deus que eu fosse ressarcida de tudo aquilo que satanás me roubou e expressei em palavras toda a injustiça que fizeram contra mim.

Então em meio a minha "revolta santa", o Senhor ministrou no meu coração: **Você quer a devolução ou a restituição?**

Eu não tinha calculado o significado daquilo que eu tinha pedido, mas o Senhor esperava que eu me confirmasse com a perda.

Quando alguém pega algo de nós e nos devolve, aquilo volta "usado". Uma roupa volta gasta, livros voltam amassados e o dinheiro volta com sentimento de raiva. Quando emprestamos e recebemos de volta, a quantia que recebemos é sempre menor do que a que entregamos, pois os gastos e espera desvalorizam aquele material ou dinheiro. Quando alguém está com o que é nosso, nos causa indignação e tristeza por não estar usufruindo do que Deus tinha nos destinado, e quando devolvemos, sempre temos um olhar magoado para a história.

Mas quando somos restituídos, não recebemos a devolução do homem, mas de Deus.

O Senhor recebe o que deixamos ir como uma semente, que gera vida e transborda. Quando recebemos o resultado das nossas sementes, o resultado é sempre maior, pois é um lucro de colheita.

Quando, mesmo sem gostar muito, entregamos algo de valor para o outro e entregamos a situação para Deus, Ele nos justifica e luta pela nossa causa.

Assim como as injustiças que Lia passava, o Senhor vê nossa necessidade e nos acolhe e restitui.

Lia perdeu o amor e o respeito do homem que deveria te amar, mas ganhou filhos dados pelo próprio Deus. Ana entregou sua necessidade de ter filhos, e recebeu um lindo propósito. José perdoou seus irmãos e viveu com gratidão e depois ainda pode alimentar toda sua família em tempo de necessidade. Davi não criou contenda com quem falava que ele não era capaz, e venceu um gigante na frente de todos e foi honrado.

No momento da mágoa e da necessidade, nós sempre pedimos pela devolução. Queremos resultados imediatos e queremos ser vistos por todos como os corretos nas situações. Queremos ser justificados em público e amados.

Mas quando temos fé e confiamos em Deus, entregamos nossas dores e necessidades, por mais difícil que isso seja. Aceitamos que nosso sacrifício involuntário se transforme em semente, e depois de passar pelo processo determinado por Deus, depois de regar e cuidar, recebemos a colheita daquele plantio que fizemos em tempo de dor.

Cura

O ponto forte que eu descobri sobre a rejeição é que além de fazer com que nos adaptamos a diferentes ambientes, a rejeição também nos traz a consciência de que ainda não pertencemos a alguns lugares.

Mesmo sendo um pouco doloroso de perceber, a percepção do que ainda não nos cabe nos traz a necessidade de evolução, de nos tornar ainda melhores pessoas para poder conquistar e frequentar o ambiente que queremos.

Quantas vezes eu me incluí em grupos em que eu era apenas uma aprendiz, e não propriamente uma parte daquele grupo. Porém mediante a todo meu esforço fui aceita em mesas que me levaram a buscar ainda mais avanço de mim mesma, da minha intelectualidade e da minha espiritualidade. Isso fez com que eu ultrapassasse os meus próprios limites. Limites que às vezes nem conhecemos quando não estamos no processo de evolução.

Um fato é: andar com aqueles que são semelhantes e que não estão "além de nós" é aceitar sempre estar na mediocridade, estar estagnado e talvez não nos desafiar a evoluir.

Então, na verdade, o sentimento de rejeição gera em nós uma "revolta santa" em que nós vamos tentar nos adequar aquela excelência que achamos que ainda não chegamos, ou talvez realmente não estamos lá. **Isso é ótimo para a nossa evolução!**

Imagine só se caminhássemos perto apenas com aqueles que sabem a mesma coisa que nós. Não cresceríamos e não evoluiríamos. É como o processo de uma pérola que é formada dentro de uma colcha. Em meio a todas as aflições e dores que aquela concha passa, tentando tirar o grão de areia dentro de si mesma, ela consegue transformar a areia em pérola. A dor que nós sentimos e tentamos amenizar de todas as formas para que aquela sensação pare de doer, para que paremos de sentir aqueles sentimentos que nos machucam, ou a força que fazemos tentando nos preencher ou nos igualar aquele grupo que ainda não estamos altura é exatamente a dor que nos faz evoluir.

Essa evolução só acontece por conta da dor da rejeição, pois se nos sentíssemos aceitos desde o primeiro dia em um grupo tão evoluído, talvez não nos esforçaríamos tanto para alcançar aquele nível de excelência exigido por aqueles que fazem parte daquelas pessoas da mesa...

As faces da rejeição

... A rejeição então é aquela pedra no sapato que nos faz caminhar todos os dias com dores, com as feridas que causam os nossos pés e com dificuldade de andar ou então a mesma pedra no sapato é aquela que nos faz criar técnicas de andar sem se ferir, que nos faz mascarar a dor que estamos sentindo quando falamos e que nos ensinam a não sermos orgulhosos.

São as pedras no sapato que nos fazem conseguir dinheiro mais rápido para que possamos trocar o nosso calçado ou para que possamos passar de avião por lugares que muitas pessoas passam correndo e andando. E muitas vezes até as pessoas que nos ver fazendo algo melhor do que o outro, vão achar que estamos fazendo aquilo melhor porque somos melhores, porém o nosso "ser melhor" é exatamente por que não conseguimos fazer o básico que todos conseguem porque básico que uma pessoa que não tem a dor da rejeição consegue fazer geralmente nos machuca, então bolamos "técnicas" de fazer o extraordinário com coisas simples, e assim evoluímos.

As pessoas que observam de fora acreditam sempre que somos com um potencial muito mais elevado. Mas na verdade o nosso potencial que alcançamos foi graças à dor gerada no nosso coração e na nossa alma. As nossas feridas foram aquilo que nos levaram a nos mover e mudar as situações para que nós não sentíssemos mais a dor.

A alma fragmentada

Ouvi um profeta me dizer, antes de escrever o livro, que ele via a minha alma em pedaços e eu não entendi a revelação.

Tempos depois minha mãe na fé me enviou um áudio falando um pouco sobre Mefibosete e a ação do inimigo nas nossas vidas, então compreendi o que uma alma fragmentada significava para mim e recebi de Deus a revelação e restauração.

Juízes 1

1 Depois da morte de Josué, os israelitas perguntaram ao Senhor: "Quem de nós será o primeiro a atacar os cananeus? "

2 O Senhor respondeu: "Judá será o primeiro; eu entreguei a terra em suas mãos".

3 Então os homens de Judá disseram aos seus irmãos de Simeão: "Venham conosco ao território que nos foi designado por sorteio, e lutemos contra os cananeus. Iremos com vocês para o território que lhes foi dado". E os homens de Simeão foram com eles.

4 Quando os homens de Judá atacaram, o Senhor entregou os cananeus e os ferezeus nas mãos deles, e eles mataram dez mil homens em Bezeque.

5 Foi lá que encontraram Adoni-Bezeque, lutaram contra ele e derrotaram os cananeus e os ferezeus.

6 Adoni-Bezeque fugiu, mas eles o perseguiram e o prenderam, e lhe cortaram os polegares das mãos e dos pés.

7 Então Adoni-Bezeque disse: "Setenta reis com os polegares das mãos e dos pés cortados apanhavam migalhas debaixo da minha mesa. Agora Deus me retribuiu por aquilo que lhes fiz". Eles o levaram para Jerusalém, onde morreu.

Como você pode ver no texto, o rei *Adoni-Bezeque* gostava de humilhar as pessoas. Quando ele ganhava uma batalha e vencia os reis das províncias inimigas, ele cortava os dedos dos reis para que eles se tornassem imperfeitos, não pudessem mais sentar à mesa real e não pudesse partilhar de uma vida honrosa.

Vamos observar esse pensamento também (de que pessoas imperfeitas e Multilaser não podiam se sentar em mesas com autoridades) no Mefibosete, que é um descendente do rei Saul.

Na história, Mefibosete foge da sua cidade de origem e vai para uma cidade onde viviam pessoas que também tinham deficiências e doenças. Esse lugar chamava Lo Debar e era conhecido como um lugar esquecido por Deus pois todos ali eram mendigos ou doentes.

David e Mefibosete

9 Um dia, David começou a inquirir se haveria ainda alguém da família de Saul com vida, pois queria fazer-lhe bem, tal como prometera ao príncipe Jónatas. 2 Falaram-lhe então num tal Ziba que fora um dos servos de Saul. O rei mandou-o chamar: "Chamas-te Ziba?" Respondeu: "Sim, senhor, sou eu próprio."

3 "Conheces alguém que tenha ficado da família de Saul? Porque quero cumprir a minha promessa de demonstrar bondade de Deus a essa pessoa." Ziba respondeu: "Há um filho de Jónatas, que vive ainda, e que é coxo."

4 "Onde mora ele?", perguntou o rei. E disse-lhe: "Em Lo-Debar na casa de Maquir, filho de Amiel."

5-6 David mandou buscar esse filho de Jónatas e neto de Saul que se chamava Mefibosete. Quando este se aproximou do soberano, saudou-o inclinando-se perante ele em sinal de profunda submissão.

7 Mas David disse-lhe: "Não tenhas receio! Mandei vir-te para que possa fazer-te bem, de acordo com a promessa que fiz ao teu pai Jónatas. Devolver-te-ei todas as terras do teu avô Saul e viverás aqui no meu palácio!"

8 Mefibosete prostrou-se até ao chão e disse: "Será possível que o rei se mostre assim tão bom com alguém que não passa de um cão morto como eu?"

9 David mandou chamar Ziba, o servo de Saul, e disse-lhe. "Dei ao neto do teu senhor tudo o que pertencia a Saul e à sua família. 10 Tu, teus filhos e servos deverão trabalhar nas suas terras, para que a sua família tenha o que comer. Quanto a ele próprio, viverá aqui comigo."

Ziba, que tinha quinze filhos e vinte servos, 11 replicou: "Senhor, farei tudo o que mandaste." Daí em diante Mefibosete passou a comer regularmente com o rei David, como se fosse um dos seus próprios filhos.

12 Mefibosete tinha um filho pequeno chamado Mica. Toda a família de Ziba ficou a trabalhar ao serviço de Mefibosete. 13 Mas Mefibosete, que era coxo dos dois pés, veio para Jerusalém para viver no palácio do rei.

O triste fato é que satanás entra em uma oportunidade com intenção de nos ferir, e nos ferindo ele faz-nos pensar que não somos dignos de estar em alguns ambientes. Muitas vezes não nos achamos dignos de receber o perdão e as honras do Senhor, assim como Mefibosete se comportou, negando a descendência real por não se achar digno de merecimento.

Quantas vezes nós mesmos não nos comportamos dessa maneira por termos um passado de imperfeições e impurezas, e no caso de Mefibosete, assim como nós, não tivemos culpa daquilo tudo que passamos e sofremos. Ele foi derrubado no chão pela sua baba quando ainda era um bebê.

E nós? O que aconteceu para que nós não nos sentíssemos merecedores de conviver em sociedade porque termos as os nossos fragmentos de alma?

Se somos recebedores do amor de Deus e seus filhos, recebemos também herança e nome de filhos de Deus. Recebemos colheitas de plantios que fizemos e também que nosso Pai fez.
Se somos filhos de Deus, somos amados e restituídos daquilo que perdemos quando não entendíamos a sua paternidade.

Restituição

O Senhor então usou a vida de David para restituir aquilo que Mefibosete perdeu, e também restaurar a sua visão de si mesmo. Ele não se via digno de receber amor, afeto, destaque ou influência por causa da visão distorcida que tinha sobre si mesmo. Entenda que sua vida foi afetada em todas as áreas, inclusive financeiramente. Os benefícios de ser da descendência de um rei, eram grandes, mas ele tinha perdido por causa de seu posicionamento errado.
Através da vida de David ele é restituído daquilo que o Senhor já tinha preparado pra ele, porém ele mesmo rejeitou, porque não se via digno de receber.

E quantas vezes não fazemos o mesmo em nossas vidas. O Senhor tentar que nós, em nossa alma fragmentada, receba o amor e o carinho que ele mesmo tem por nós. Ele nos deixa a sua palavra para que através da renovação da mente consigamos limpar e curar os pensamentos que estão na nossa alma fragmentanda e restituir aquilo que somos de dentro pra fora.

Através da palavra de Deus temos a oportunidade de receber a cura, pois é através da palavra que tudo foi feito em gerado, e é através da palavra que encontramos aquilo que o Senhor diz sobre nós.

Como saber o destino que Deus tem para você, sem conhecer as escrituras e a vontade do Senhor?

Quando lemos a Bíblia e acreditamos nela, podemos encontrar uma consolação daquilo tudo que vivemos. Através da palavra e da leitura bíblica a nossa mente é totalmente limpa e renovada. As palavras ruins que ouvimos sobre nós mesmos são substituídas por decretos do próprio Deus, promessas, e demonstrações de amor do nosso Pai para nós.

Se você ainda sente que a sua alma se encontra em pedaços, leia a palavra do Senhor e anote sempre aquilo que Deus diz sobre você. Isso vai te ajudar a retirar as sementes que satanás colocou e regou que acabaram crescendo e frutificando na sua vida. O que devemos fazer é arrancar a raiz desta semente que já germinou e cresceu está dentro de você. Arranque da sua mente essa raiz com ousadia e bravura, e não aceite ser a vítima de uma história em que você não escolheu viver.

Aceite o Senhor de todo seu coração em sua vida e você verá através do sangue de Jesus a restituição da sua alma e a sua mente acontecer lentamente a cada dia; melhorando o seu pensamento sobre si mesmo e sobre quem o Senhor verdadeiramente é. Pois quando conhecemos quem nos criou, nós conseguimos nos conhecer, e quando nos conhecemos segundo a vontade de Deus, passamos a entender verdadeiramente o nosso propósito e a nossa identidade que o nosso Pai criou para nós antes mesmo de termos nascido.

Se ainda se você ainda não fez uma oração de confissão ao Senhor, ore comigo, e aceite receber o amor que Deus tem para você.
Se você já confessou sua fé por Jesus, ore também e renove a força da sua aliança com o Pai.

Senhor, meu Deus, meu Pai. Eu te aceito como meu único salvador. Eu creio que Jesus veio nos resgatar, morreu na cruz e ressuscitou. Foi levado ao céu e voltará para nos buscar para vivermos em eterna glória contigo. Eu creio no seu poder de restituir todo o mal e me fazer sentir sua paz e alegria.
Perdoe meus pecados. Apaga o meu passado e escreva uma nova história para mim. Me ensine a viver dentro daquilo que o Senhor deseja para a minha vida. Me ensine a viver para ti e me mostre quem eu verdadeiramente sou através do seus olhos amém.